VIVA A SUA ESTAÇÃO

Nome:

Telefone:

E-mail:

CONTATOS *importantes*

TRABALHO
Nome:
Telefone 1:
Telefone 2:

Nome:
Telefone 1:
Telefone 2:

Nome:
Telefone 1:
Telefone 2:

MÉDICO
Nome:
Telefone 1:
Telefone 2:

Nome:
Telefone 1:
Telefone 2:

Nome:
Telefone 1:
Telefone 2:

PARENTE PRÓXIMO
Nome:
Telefone 1:
Telefone 2:

Nome:
Telefone 1:
Telefone 2:

Nome:
Telefone 1:
Telefone 2:

EM CASO DE EMERGÊNCIA, LIGUE PARA: _____

Alergias:

Medicamento contínuo:

Medicamentos aos quais sou alérgica:

Tipo sanguíneo:

Informação importante:

2023

janeiro
D	S	T	Q	Q	S	S
1	2	3	4	5	6	7
8	9	10	11	12	13	14
15	16	17	18	19	20	21
22	23	24	25	26	27	28
29	30	31				

1 • Confraternização Universal

fevereiro
D	S	T	Q	Q	S	S
			1	2	3	4
5	6	7	8	9	10	11
12	13	14	15	16	17	18
19	20	21	22	23	24	25
26	27	28				

21 • Carnaval

março
D	S	T	Q	Q	S	S
			1	2	3	4
5	6	7	8	9	10	11
12	13	14	15	16	17	18
19	20	21	22	23	24	25
26	27	28	29	30	31	

abril
D	S	T	Q	Q	S	S
						1
2	3	4	5	6	7	8
9	10	11	12	13	14	15
16	17	18	19	20	21	22
23/30	24	25	26	27	28	29

7 • Paixão de Cristo 9 • Páscoa 21 • Tiradentes

maio
D	S	T	Q	Q	S	S
	1	2	3	4	5	6
7	8	9	10	11	12	13
14	15	16	17	18	19	20
21	22	23	24	25	26	27
28	29	30	31			

1 • Dia do Trabalhador

junho
D	S	T	Q	Q	S	S
				1	2	3
4	5	6	7	8	9	10
11	12	13	14	15	16	17
18	19	20	21	22	23	24
25	26	27	28	29	30	

8 • Corpus Christi

julho
D	S	T	Q	Q	S	S
						1
2	3	4	5	6	7	8
9	10	11	12	13	14	15
16	17	18	19	20	21	22
23/30	24/31	25	26	27	28	29

agosto
D	S	T	Q	Q	S	S
		1	2	3	4	5
6	7	8	9	10	11	12
13	14	15	16	17	18	19
20	21	22	23	24	25	26
27	28	29	30	31		

setembro
D	S	T	Q	Q	S	S
					1	2
3	4	5	6	7	8	9
10	11	12	13	14	15	16
17	18	19	20	21	22	23
24	25	26	27	28	29	30

7 • Independência do Brasil

outubro
D	S	T	Q	Q	S	S
1	2	3	4	5	6	7
8	9	10	11	12	13	14
15	16	17	18	19	20	21
22	23	24	25	26	27	28
29	30	31				

12 • Dia da Padroeira do Brasil

novembro
D	S	T	Q	Q	S	S
			1	2	3	4
5	6	7	8	9	10	11
12	13	14	15	16	17	18
19	20	21	22	23	24	25
26	27	28	29	30		

2 • Finados 15 • Proclamação da República

dezembro
D	S	T	Q	Q	S	S
					1	2
3	4	5	6	7	8	9
10	11	12	13	14	15	16
17	18	19	20	21	22	23
24/31	25	26	27	28	29	30

25 • Natal

20/3 • Início do outono ||| 21/6 • Início do inverno ||| 23/9 • Início da primavera ||| 22/12 • Início do verão

Voar é questão de tempo!
E tempo é o elemento indispensável para que os resultados da mudança que almejamos sejam uma realidade na nossa história.

VIVIANE MARTINELLO

2024

janeiro
D	S	T	Q	Q	S	S
	1	2	3	4	5	6
7	8	9	10	11	12	13
14	15	16	17	18	19	20
21	22	23	24	25	26	27
28	29	30	31			

1 • Confraternização Universal

fevereiro
D	S	T	Q	Q	S	S
				1	2	3
4	5	6	7	8	9	10
11	12	13	14	15	16	17
18	19	20	21	22	23	24
25	26	27	28	29		

13 • Carnaval

março
D	S	T	Q	Q	S	S
					1	2
3	4	5	6	7	8	9
10	11	12	13	14	15	16
17	18	19	20	21	22	23
24/31	25	26	27	28	29	30

29 • Paixão de Cristo **31** • Páscoa

abril
D	S	T	Q	Q	S	S
	1	2	3	4	5	6
7	8	9	10	11	12	13
14	15	16	17	18	19	20
21	22	23	24	25	26	27
28	29	30				

21 • Tiradentes

maio
D	S	T	Q	Q	S	S
			1	2	3	4
5	6	7	8	9	10	11
12	13	14	15	16	17	18
19	20	21	22	23	24	25
26	27	28	29	30	31	

1 • Dia do Trabalhador **30** • Corpus Christi

junho
D	S	T	Q	Q	S	S
						1
2	3	4	5	6	7	8
9	10	11	12	13	14	15
16	17	18	19	20	21	22
23/30	24	25	26	27	28	29

julho
D	S	T	Q	Q	S	S
	1	2	3	4	5	6
7	8	9	10	11	12	13
14	15	16	17	18	19	20
21	22	23	24	25	26	27
28	29	30	31			

agosto
D	S	T	Q	Q	S	S
				1	2	3
4	5	6	7	8	9	10
11	12	13	14	15	16	17
18	19	20	21	22	23	24
25	26	27	28	29	30	31

setembro
D	S	T	Q	Q	S	S
1	2	3	4	5	6	7
8	9	10	11	12	13	14
15	16	17	18	19	20	21
22	23	24	25	26	27	28
29	30					

7 • Independência do Brasil

outubro
D	S	T	Q	Q	S	S
		1	2	3	4	5
6	7	8	9	10	11	12
13	14	15	16	17	18	19
20	21	22	23	24	25	26
27	28	29	30	31		

12 • Dia da Padroeira do Brasil

novembro
D	S	T	Q	Q	S	S
					1	2
3	4	5	6	7	8	9
10	11	12	13	14	15	16
17	18	19	20	21	22	23
24	25	26	27	28	29	30

2 • Finados **15** • Proclamação da República

dezembro
D	S	T	Q	Q	S	S
1	2	3	4	5	6	7
8	9	10	11	12	13	14
15	16	17	18	19	20	21
22	23	24	25	26	27	28
29	30	31				

25 • Natal

20/3 • Início do outono ||| **20/6** • Início do inverno ||| **22/9** • Início da primavera ||| **21/12** • Início do verão

2025

janeiro
D	S	T	Q	Q	S	S
			1	2	3	4
5	6	7	8	9	10	11
12	13	14	15	16	17	18
19	20	21	22	23	24	25
26	27	28	29	30	31	

1 • Confraternização Universal

fevereiro
D	S	T	Q	Q	S	S
						1
2	3	4	5	6	7	8
9	10	11	12	13	14	15
16	17	18	19	20	21	22
23	24	25	26	27	28	

março
D	S	T	Q	Q	S	S
						1
2	3	4	5	6	7	8
9	10	11	12	13	14	15
16	17	18	19	20	21	22
23/30	24/31	25	26	27	28	29

4 • Carnaval

abril
D	S	T	Q	Q	S	S
		1	2	3	4	5
6	7	8	9	10	11	12
13	14	15	16	17	18	19
20	21	22	23	24	25	26
27	28	29	30			

18 • Paixão de Cristo 20 • Páscoa 21 • Tiradentes

maio
D	S	T	Q	Q	S	S
				1	2	3
4	5	6	7	8	9	10
11	12	13	14	15	16	17
18	19	20	21	22	23	24
25	26	27	28	29	30	31

1 • Dia do Trabalhador

junho
D	S	T	Q	Q	S	S
1	2	3	4	5	6	7
8	9	10	11	12	13	14
15	16	17	18	19	20	21
22	23	24	25	26	27	28
29	30					

19 • Corpus Christi

julho
D	S	T	Q	Q	S	S
		1	2	3	4	5
6	7	8	9	10	11	12
13	14	15	16	17	18	19
20	21	22	23	24	25	26
27	28	29	30	31		

agosto
D	S	T	Q	Q	S	S
					1	2
3	4	5	6	7	8	9
10	11	12	13	14	15	16
17	18	19	20	21	22	23
24/31	25	26	27	28	29	30

setembro
D	S	T	Q	Q	S	S
	1	2	3	4	5	6
7	8	9	10	11	12	13
14	15	16	17	18	19	20
21	22	23	24	25	26	27
28	29	30				

7 • Independência do Brasil

outubro
D	S	T	Q	Q	S	S
			1	2	3	4
5	6	7	8	9	10	11
12	13	14	15	16	17	18
19	20	21	22	23	24	25
26	27	28	29	30	31	

12 • Dia da Padroeira do Brasil

novembro
D	S	T	Q	Q	S	S
						1
2	3	4	5	6	7	8
9	10	11	12	13	14	15
16	17	18	19	20	21	22
23/30	24	25	26	27	28	29

2 • Finados 15 • Proclamação da República

dezembro
D	S	T	Q	Q	S	S
	1	2	3	4	5	6
7	8	9	10	11	12	13
14	15	16	17	18	19	20
21	22	23	24	25	26	27
28	29	30	31			

25 • Natal

20/3 • Início do outono ||| 20/6 • Início do inverno ||| 22/9 • Início da primavera ||| 21/12 • Início do verão

2026

janeiro
D	S	T	Q	Q	S	S
				1	2	3
4	5	6	7	8	9	10
11	12	13	14	15	16	17
18	19	20	21	22	23	24
25	26	27	28	29	30	31

1 • Confraternização Universal

fevereiro
D	S	T	Q	Q	S	S
1	2	3	4	5	6	7
8	9	10	11	12	13	14
15	16	17	18	19	20	21
22	23	24	25	26	27	28

17 • Carnaval

março
D	S	T	Q	Q	S	S
1	2	3	4	5	6	7
8	9	10	11	12	13	14
15	16	17	18	19	20	21
22	23	24	25	26	27	28
29	30	31				

abril
D	S	T	Q	Q	S	S
			1	2	3	4
5	6	7	8	9	10	11
12	13	14	15	16	17	18
19	20	21	22	23	24	25
26	27	28	29	30		

3 • Paixão de Cristo **5** • Páscoa **21** • Tiradentes

maio
D	S	T	Q	Q	S	S
					1	2
3	4	5	6	7	8	9
10	11	12	13	14	15	16
17	18	19	20	21	22	23
24/31	25	26	27	28	29	30

1 • Dia do Trabalhador

junho
D	S	T	Q	Q	S	S
	1	2	3	4	5	6
7	8	9	10	11	12	13
14	15	16	17	18	19	20
21	22	23	24	25	26	27
28	29	30				

4 • Corpus Christi

julho
D	S	T	Q	Q	S	S
			1	2	3	4
5	6	7	8	9	10	11
12	13	14	15	16	17	18
19	20	21	22	23	24	25
26	27	28	29	30	31	

agosto
D	S	T	Q	Q	S	S
						1
2	3	4	5	6	7	8
9	10	11	12	13	14	15
16	17	18	19	20	21	22
23/30	24/31	25	26	27	28	29

setembro
D	S	T	Q	Q	S	S
		1	2	3	4	5
6	7	8	9	10	11	12
13	14	15	16	17	18	19
20	21	22	23	24	25	26
27	28	29	30			

7 • Independência do Brasil

outubro
D	S	T	Q	Q	S	S
				1	2	3
4	5	6	7	8	9	10
11	12	13	14	15	16	17
18	19	20	21	22	23	24
25	26	27	28	29	30	31

12 • Dia da Padroeira do Brasil

novembro
D	S	T	Q	Q	S	S
1	2	3	4	5	6	7
8	9	10	11	12	13	14
15	16	17	18	19	20	21
22	23	24	25	26	27	28
29	30					

2 • Finados **15** • Proclamação da República

dezembro
D	S	T	Q	Q	S	S
		1	2	3	4	5
6	7	8	9	10	11	12
13	14	15	16	17	18	19
20	21	22	23	24	25	26
27	28	29	30	31		

25 • Natal

20/3 • Início do outono ||| **21/6** • Início do inverno ||| **22/9** • Início da primavera ||| **21/12** • Início do verão

Celebre as estações!
Em vez de invejar a estação de alguém, devemos celebrar, juntas, e andar na estação que o Senhor tem para nós hoje.

VIVIANE MARTINELLO

ANIVERSÁRIOS *importantes*

DIA	MÊS	NOME

Neste *ano* eu vou...

Escreva aqui suas metas anuais.

-
-
-
-
-
-
-
-
-
-
-
-
-
-
-
-
-
-
-
-
-
-
-
-
-
-
-
-
-
-
-
-
-
-
-
-
-
-
-
-

Saúde EM DIA

Anote as especialidades e o nome dos médicos com os quais você pretende se consultar durante o ano.

Médico:

Médico:

Médico:

Médico:

Médico:

Médico:

Médico:

Médico:

Médico:

Médico:

Médico:

Médico:

Médico:

MEU *ciclo*

Cuidar da sua saúde significa estar atenta ao seu ciclo menstrual. Anote aqui os dias do mês em que você menstruou, usando as cores **azul** (para indicar fluxo leve), **vermelho** (para indicar fluxo médio), **preto** (para indicar fluxo intenso).

	1	2	3	4	5	6	7	8	9	10	11	12	13	14	15	16	17	18	19	20	21	22	23	24	25	26	27	28	29	30	31
JAN.																															
FEV.																															
MAR.																															
ABR.																															
MAIO																															
JUN.																															
JUL.																															
AGO.																															
SET.																															
OUT.																															
NOV.																															
DEZ.																															

ANOTAÇÕES

CÍRCULO DO

O *Círculo do propósito* é uma ferramenta desenvolvida para que você avalie o desempenho das áreas da sua vida de acordo com os propósitos de Deus. Ao preenchê-lo, faça uma autorreflexão sobre tudo o que você vem desenvolvendo ao longo de suas estações da vida, porque mesmo que se sinta como uma mulher improvável, o Criador designou grandes planos e projetos a serem realizados por você.

De maneira prática e visual, o *Círculo do propósito* possibilita a reflexão sobre a sua vida para que você desenvolva estabilidade e equilíbrio, tanto na área material quanto espiritual.

Deus é o nosso maior propósito, e devemos entregar a ele toda a essência de nossa vida. Devemos viver para a glória dele e destinar o melhor de nossos dias a ele; por isso, avalie e pontue as áreas a seguir sob os desígnios firmados em Cristo, analisando se a sua vida está realmente honrando e glorificando-o em todos os lugares e em todas as circunstâncias.

O *Círculo* é dividido em quatro grandes áreas, subdivididas em três aspectos da vida:

PESSOAL	SOCIAL	ESPIRITUAL	PROFISSIONAL
Lazer e descanso	Amizades	Leitura Bíblica	Realização
Equilíbrio emocional	Relacionamento amoroso	Oração	Finanças
Saúde física	Família	Comportamento e serviço	Estudos

De acordo com o seu desenvolvimento, distribua uma pontuação a cada tópico no círculo de 0 (zero) a 10 (dez), marcando o número com um pontinho. Para definir a pontuação, faça a seguinte pergunta: "De 0 (zero) a 10 (dez), o quanto eu honrei e glorifiquei a Deus com as minhas atividades nesta área (ex. finanças)?".

Reflita se você está vivendo as estações de Deus para a sua vida, se está andando conforme a porção e a identidade que ele lhe concedeu, se está cumprindo com excelência e equilíbrio cada princípio ensinado por Cristo. Uma boa estratégia é: defina como seria o padrão de uma pontuação 10 (dez) e de uma pontuação 0 (zero). Observando esses extremos, avalie em qual você está encaixada.

Ao terminar de preencher cada item, ligue os pontos marcados. Isso ajudará você a visualizar o modo como está vivendo e se este modo está gerando um relacionamento com Pai, o nosso Abba.

Ao final desta trajetória anual, neste *Planner,* você encontrará um novo *Círculo do propósito* que deverá ser preenchido de acordo com a estação que você esteja vivendo. Compare os dois círculos: este que acabou de preencher, e o último. Desse modo, você poderá avaliar se houve mudança e se elas estão de acordo com a vontade de Deus.

Deixe o Criador aperfeiçoar você. Respeite as estações de sua vida. Aprenda que é no secreto que o Senhor nos ensina. Seja uma mulher que Deus deseja levantar neste tempo: uma improvável escolhida, forte e corajosa, pronta a viver os planos do Senhor!

Propósito

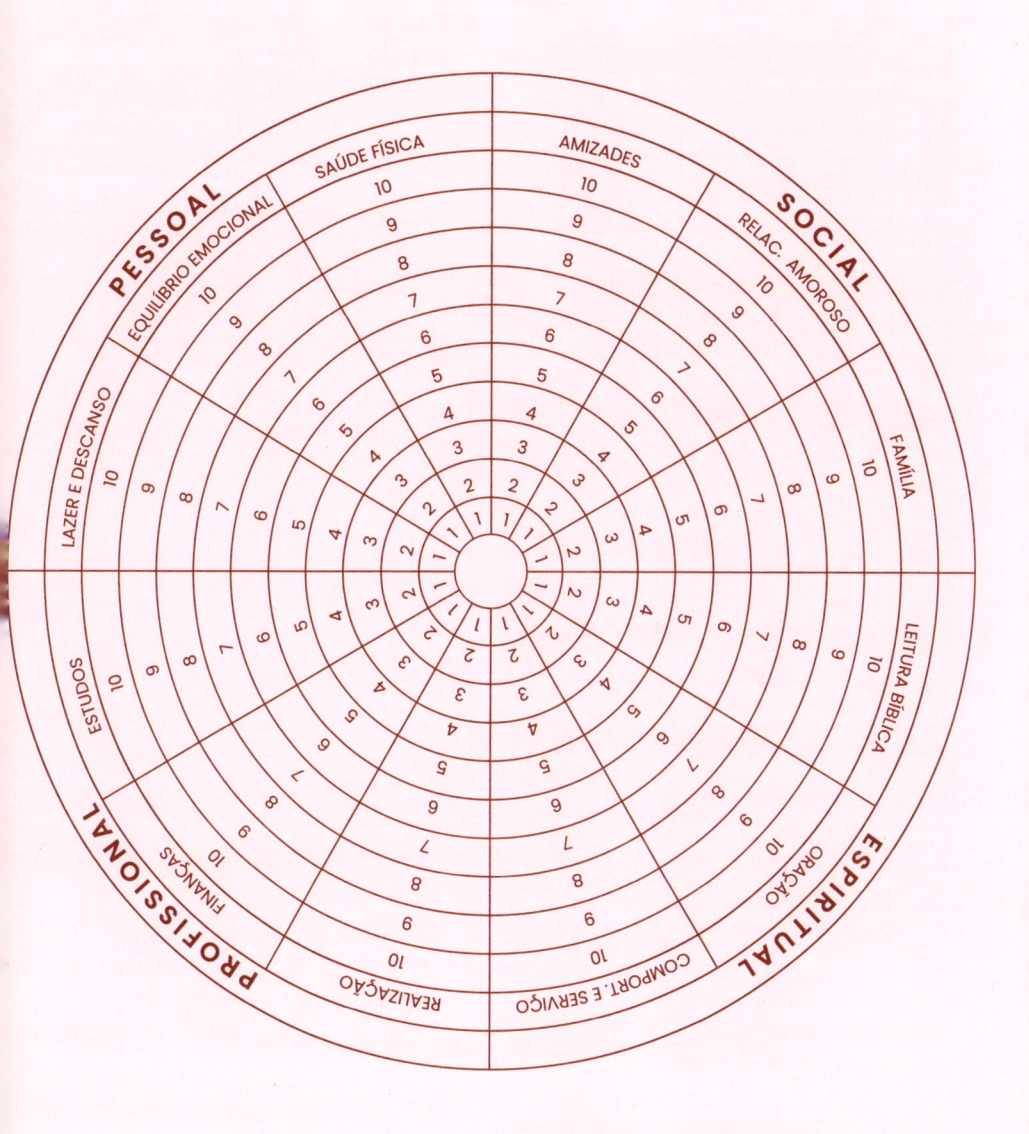

VIVA A SUA **ESTAÇÃO**

QUADRO DE

GÊNESIS

1	2	3	4	5	6	7	8	9	10	11	12	13	14	15
16	17	18	19	20	21	22	23	24	25	26	27	28	29	30
31	32	33	34	35	36	37	38	39	40	41	42	43	44	45
46	47	48	49	50										

ÊXODO

1	2	3	4	5	6	7	8	9	10	11	12	13	14	15
16	17	18	19	20	21	22	23	24	25	26	27	28	29	30
31	32	33	34	35	36	37	38	39	40					

LEVÍTICO

1	2	3	4	5	6	7	8	9	10	11	12	13	14	15
16	17	18	19	20	21	22	23	24	25	26	27			

NÚMEROS

1	2	3	4	5	6	7	8	9	10	11	12	13	14	15
16	17	18	19	20	21	22	23	24	25	26	27	28	29	30
31	32	33	34	35	36									

DEUTERONÔMIO

1	2	3	4	5	6	7	8	9	10	11	12	13	14	15
16	17	18	19	20	21	22	23	24	25	26	27	28	29	30
31	32	33	34											

JOSUÉ

1	2	3	4	5	6	7	8	9	10	11	12	13	14	15
16	17	18	19	20	21	22	23	24						

JUÍZES

1	2	3	4	5	6	7	8	9	10	11	12	13	14	15
16	17	18	19	20	21									

RUTE

1	2	3	4

1SAMUEL

1	2	3	4	5	6	7	8	9	10	11	12	13	14	15
16	17	18	19	20	21	22	23	24	25	26	27	28	29	30
31														

2SAMUEL

1	2	3	4	5	6	7	8	9	10	11	12	13	14	15
16	17	18	19	20	21	22	23	24						

1REIS

1	2	3	4	5	6	7	8	9	10	11	12	13	14	15
16	17	18	19	20	21	22								

2REIS

1	2	3	4	5	6	7	8	9	10	11	12	13	14	15
16	17	18	19	20	21	22	23	24	25					

1CRÔNICAS

1	2	3	4	5	6	7	8	9	10	11	12	13	14	15
16	17	18	19	20	21	22	23	24	25	26	27	28	29	

2CRÔNICAS

1	2	3	4	5	6	7	8	9	10	11	12	13	14	15
16	17	18	19	20	21	22	23	24	25	26	27	28	29	30
31	32	33	34	35	36									

ESDRAS

1	2	3	4	5	6	7	8	9	10

NEEMIAS

1	2	3	4	5	6	7	8	9	10	11	12	13

ESTER

1	2	3	4	5	6	7	8	9	10

JÓ

1	2	3	4	5	6	7	8	9	10	11	12	13	14	15
16	17	18	19	20	21	22	23	24	25	26	27	28	29	30
31	32	33	34	35	36	37	38	39	40	41	42			

SALMOS

1	2	3	4	5	6	7	8	9	10	11	12	13	14	15
16	17	18	19	20	21	22	23	24	25	26	27	28	29	30
31	32	33	34	35	36	37	38	39	40	41	42	43	44	45
46	47	48	49	50	51	52	53	54	55	56	57	58	59	60
61	62	63	64	65	66	67	68	69	70	71	72	73	74	75
76	77	78	79	80	81	82	83	84	85	86	87	88	89	90
91	92	93	94	95	96	97	98	99	100	101	102	103	104	105
106	107	108	109	110	111	112	113	114	115	116	117	118	119	120
121	122	123	124	125	126	127	128	129	130	131	132	133	134	135
136	137	138	139	140	141	142	143	144	145	146	147	148	149	150

PROVÉRBIOS

1	2	3	4	5	6	7	8	9	10	11	12	13	14	15
16	17	18	19	20	21	22	23	24	25	26	27	28	29	30
31														

ECLESIASTES

1	2	3	4	5	6	7	8	9	10	11	12

CÂNTICO DOS CÂNTICOS

1	2	3	4	5	6	7	8

ISAÍAS

1	2	3	4	5	6	7	8	9	10	11	12	13	14	15
16	17	18	19	20	21	22	23	24	25	26	27	28	29	30
31	32	33	34	35	36	37	38	39	40	41	42	43	44	45
46	47	48	49	50	51	52	53	54	55	56	57	58	59	60
61	62	63	64	65	66									

JEREMIAS

1	2	3	4	5	6	7	8	9	10	11	12	13	14	15
16	17	18	19	20	21	22	23	24	25	26	27	28	29	30
31	32	33	34	35	36	37	38	39	40	41	42	43	44	45
46	47	48	49	50	51	52								

LAMENTAÇÕES

1	2	3	4	5

LEITURA DA *Bíblia*

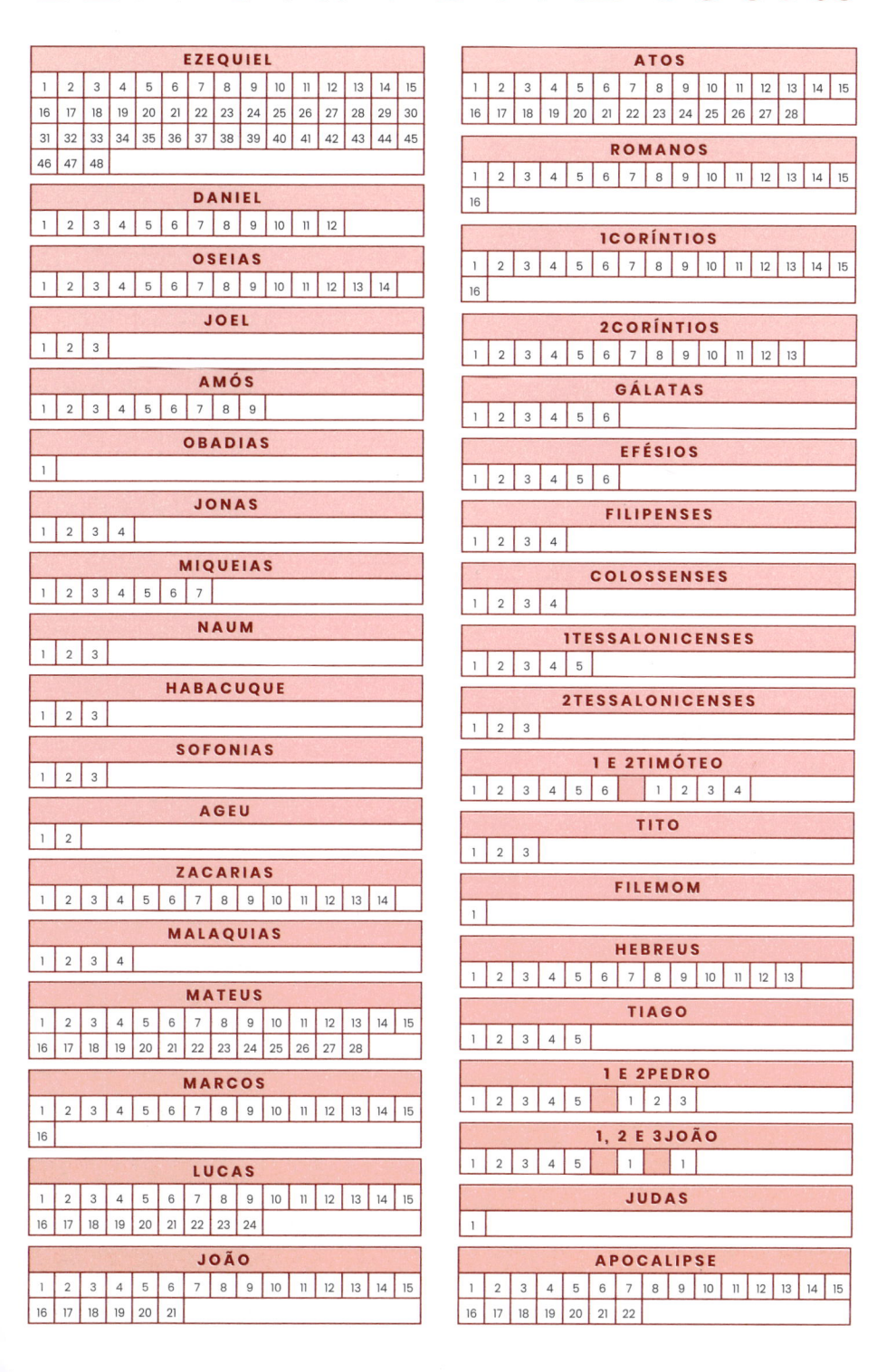

EZEQUIEL
1	2	3	4	5	6	7	8	9	10	11	12	13	14	15
16	17	18	19	20	21	22	23	24	25	26	27	28	29	30
31	32	33	34	35	36	37	38	39	40	41	42	43	44	45
46	47	48												

DANIEL
| 1 | 2 | 3 | 4 | 5 | 6 | 7 | 8 | 9 | 10 | 11 | 12 |

OSEIAS
| 1 | 2 | 3 | 4 | 5 | 6 | 7 | 8 | 9 | 10 | 11 | 12 | 13 | 14 |

JOEL
| 1 | 2 | 3 |

AMÓS
| 1 | 2 | 3 | 4 | 5 | 6 | 7 | 8 | 9 |

OBADIAS
| 1 |

JONAS
| 1 | 2 | 3 | 4 |

MIQUEIAS
| 1 | 2 | 3 | 4 | 5 | 6 | 7 |

NAUM
| 1 | 2 | 3 |

HABACUQUE
| 1 | 2 | 3 |

SOFONIAS
| 1 | 2 | 3 |

AGEU
| 1 | 2 |

ZACARIAS
| 1 | 2 | 3 | 4 | 5 | 6 | 7 | 8 | 9 | 10 | 11 | 12 | 13 | 14 |

MALAQUIAS
| 1 | 2 | 3 | 4 |

MATEUS
| 1 | 2 | 3 | 4 | 5 | 6 | 7 | 8 | 9 | 10 | 11 | 12 | 13 | 14 | 15 |
| 16 | 17 | 18 | 19 | 20 | 21 | 22 | 23 | 24 | 25 | 26 | 27 | 28 | | |

MARCOS
| 1 | 2 | 3 | 4 | 5 | 6 | 7 | 8 | 9 | 10 | 11 | 12 | 13 | 14 | 15 |
| 16 | | | | | | | | | | | | | | |

LUCAS
| 1 | 2 | 3 | 4 | 5 | 6 | 7 | 8 | 9 | 10 | 11 | 12 | 13 | 14 | 15 |
| 16 | 17 | 18 | 19 | 20 | 21 | 22 | 23 | 24 | | | | | | |

JOÃO
| 1 | 2 | 3 | 4 | 5 | 6 | 7 | 8 | 9 | 10 | 11 | 12 | 13 | 14 | 15 |
| 16 | 17 | 18 | 19 | 20 | 21 | | | | | | | | | |

ATOS
| 1 | 2 | 3 | 4 | 5 | 6 | 7 | 8 | 9 | 10 | 11 | 12 | 13 | 14 | 15 |
| 16 | 17 | 18 | 19 | 20 | 21 | 22 | 23 | 24 | 25 | 26 | 27 | 28 | | |

ROMANOS
| 1 | 2 | 3 | 4 | 5 | 6 | 7 | 8 | 9 | 10 | 11 | 12 | 13 | 14 | 15 |
| 16 | | | | | | | | | | | | | | |

1CORÍNTIOS
| 1 | 2 | 3 | 4 | 5 | 6 | 7 | 8 | 9 | 10 | 11 | 12 | 13 | 14 | 15 |
| 16 | | | | | | | | | | | | | | |

2CORÍNTIOS
| 1 | 2 | 3 | 4 | 5 | 6 | 7 | 8 | 9 | 10 | 11 | 12 | 13 |

GÁLATAS
| 1 | 2 | 3 | 4 | 5 | 6 |

EFÉSIOS
| 1 | 2 | 3 | 4 | 5 | 6 |

FILIPENSES
| 1 | 2 | 3 | 4 |

COLOSSENSES
| 1 | 2 | 3 | 4 |

1TESSALONICENSES
| 1 | 2 | 3 | 4 | 5 |

2TESSALONICENSES
| 1 | 2 | 3 |

1 E 2TIMÓTEO
| 1 | 2 | 3 | 4 | 5 | 6 | 1 | 2 | 3 | 4 |

TITO
| 1 | 2 | 3 |

FILEMOM
| 1 |

HEBREUS
| 1 | 2 | 3 | 4 | 5 | 6 | 7 | 8 | 9 | 10 | 11 | 12 | 13 |

TIAGO
| 1 | 2 | 3 | 4 | 5 |

1 E 2PEDRO
| 1 | 2 | 3 | 4 | 5 | 1 | 2 | 3 |

1, 2 E 3JOÃO
| 1 | 2 | 3 | 4 | 5 | 1 | 1 |

JUDAS
| 1 |

APOCALIPSE
| 1 | 2 | 3 | 4 | 5 | 6 | 7 | 8 | 9 | 10 | 11 | 12 | 13 | 14 | 15 |
| 16 | 17 | 18 | 19 | 20 | 21 | 22 | | | | | | | | |

Anotações

Nada é tão lindo quanto alguém que respeita a própria estação.

VIVA A SUA ESTAÇÃO

Planeje!

Volte a sonhar. Comece hoje dando os pequenos passos que farão todo o sentido amanhã.

VIVIANE MARTINELLO

Livros que quero ler

- _____
- _____
- _____
- _____
- _____
- _____
- _____
- _____
- _____

Lugares que quero conhecer

- _____
- _____
- _____
- _____
- _____
- _____
- _____
- _____
- _____
- _____

Filmes e séries que quero assistir

- _____
- _____
- _____
- _____

- _____
- _____
- _____
- _____

Motivos de *oração*

- _____
- _____
- _____
- _____
- _____
- _____
- _____
- _____
- _____
- _____
- _____
- _____
- _____
- _____
- _____
- _____
- _____
- _____
- _____
- _____

Jejum

- _____
- _____
- _____
- _____
- _____
- _____
- _____
- _____
- _____
- _____
- _____
- _____
- _____
- _____
- _____
- _____
- _____
- _____
- _____

Sendo *intencional* com a minha *família*

Escreva aqui os momentos que você deseja ter com seus familiares este mês.

DATA — ATIVIDADE

DATA — ATIVIDADE

DATA — ATIVIDADE

DATA — ATIVIDADE

DOM	SEG	TER	QUA

QUI	SEX	SÁB

Anotações

••• MÊS •••
COLE AQUI

metas da *semana*

○ SEG

○ TER

○ QUA

S T Q Q S S D

Eu te louvo porque me fizeste de modo especial e admirável.
Tuas obras são maravilhosas!
Digo isso com convicção.

SALMOS 139.14

sou grata!

QUI

SEX

SÁB

DOM

metas da *semana*

··· MÊS ···
COLE AQUI

◯ SEG

◯ TER

◯ QUA

S T Q Q S S D

"Porque sou eu que conheço os planos que tenho para vocês", diz o SENHOR, "planos de fazê-los prosperar e não de lhes causar dano, planos de dar-lhes esperança e um *futuro*".

JEREMIAS 29.11

sou *grata*!

QUI

SEX

SÁB

DOM

metas da *semana*

MÊS COLE AQUI

◯ SEG

◯ TER

◯ QUA

S T Q Q S S D

abemos que Deus age em todas
coisas para o bem *daqueles*
ue o amam, dos que foram
hamados de acordo com o
eu *propósito*.

OMANOS 8.28

sou *grata*!

◯ QUI

◯ SEX

◯ SÁB

◯ DOM

MÊS
COLE AQUI

metas da *semana*

◯ SEG

◯ TER

◯ QUA

S T Q Q S S D

confessarmos os nossos
cados, ele é *fiel* e *justo* para
rdoar os nossos pecados e
s purificar de toda injustiça.

OÃO 1.9

sou *grata*!

○ QUI

○ SEX

○ SÁB

○ DOM

MÊS
COLE AQUI

metas da *semana*

◯ SEG

◯ TER

◯ QUA

S T Q Q S S D

usquem, pois, em *primeiro lugar*
Reino de Deus e a sua justiça, e
das essas coisas serão
crescentadas a vocês.

ATEUS 6.33

sou *grata*!

◯ QUI

◯ SEX

◯ SÁB

◯ DOM

FINANÇAS

ENTRADAS

SAÍDAS

ORIGEM	VALOR	VENCIMENTO	SITUAÇÃO

INVESTIMENTOS

"Qual de vocês, se quiser construir uma torre, primeiro não se assenta e calcula o preço, para ver se tem dinheiro suficiente para completá-la?"
LUCAS 14.28

Ande na sua estação e vença a comparação.

DEIXE **DEUS** CONDUZIR SUA **ESTAÇÃO**

• ABA • COLE AQUI •

**Você faz sua escolha,
e sua escolha
faz você.**

VIVIANE MARTINELLO

Livros que quero ler

- _____
- _____
- _____
- _____
- _____
- _____
- _____
- _____
- _____

Lugares que quero conhecer

- _____
- _____
- _____
- _____
- _____
- _____
- _____
- _____
- _____

Filmes e *séries* que quero assistir

- _____
- _____
- _____
- _____

- _____
- _____
- _____
- _____

Motivos de *oração*

- _____
- _____
- _____
- _____
- _____
- _____
- _____
- _____
- _____
- _____
- _____
- _____
- _____
- _____
- _____
- _____
- _____
- _____
- _____
- _____

Jejum

- _____
- _____
- _____
- _____
- _____
- _____
- _____
- _____
- _____
- _____
- _____
- _____
- _____
- _____
- _____
- _____
- _____
- _____
- _____
- _____
- _____
- _____

Sendo *intencional* com a minha *família*

Escreva aqui os momentos que você deseja ter com seus familiares este mês.

DATA — ATIVIDADE

DATA — ATIVIDADE

DATA — ATIVIDADE

DATA — ATIVIDADE

DOM	SEG	TER	QUA

QUI	SEX	SÁB

Anotações

··· MÊS ···
COLE AQUI

metas da *semana*

○ SEG

○ TER

○ QUA

S	T	Q	Q	S	S	D
○	○	○	○	○	○	○
○	○	○	○	○	○	○
○	○	○	○	○	○	○
○	○	○	○	○	○	○
○	○	○	○	○	○	○
○	○	○	○	○	○	○

O Senhor cumprirá o seu propósito para comigo! Teu *amor*, Senhor, permanece para *sempre*; não abandones as obras das tuas mãos!

SALMOS 138.8

sou *grata!*

QUI

SEX

SÁB

DOM

··· MÊS ···
COLE AQUI

metas da *semana*

◯ SEG   ◯ TER   ◯ QUA

S T Q Q S S D

Cantarei para sempre o amor do SENHOR; com minha boca anunciarei a *tua fidelidade* por todas as gerações.

SALMOS 89.1

sou *grata*!

( ) QUI

( ) SEX

( ) SÁB

( ) DOM

MÊS
COLE AQUI

metas da *semana*

◯ SEG

◯ TER

◯ QUA

S T Q Q S S D

beleza é enganosa, e a formosura passageira; mas a mulher que teme SENHOR será *elogiada*.
ROVÉRBIOS 31.30

sou *grata*!

QUI

SEX

SÁB

DOM

metas da *semana*

MÊS COLE AQUI

◯ SEG

◯ TER

◯ QUA

S T Q Q S S D

abemos que **permanecemos nele**,
ele em nós, porque ele nos deu
o seu *Espírito*.

JOÃO 4.13

sou *grata*!

◯ QUI

◯ SEX

◯ SÁB

◯ DOM

MÊS COLE AQUI

metas da *semana*

◯ SEG

◯ TER

◯ QUA

S T Q Q S S D

Sonda-me, ó Deus, e **conhece o meu coração**; prova-me, e conhece as minhas inquietações. Vê se em minha conduta algo te ofende, e **dirige-me** pelo caminho eterno.

SALMOS 139.23,24

sou *grata*!

◯ QUI

◯ SEX

◯ SÁB

◯ DOM

FINANÇAS

ENTRADAS

SAÍDAS

ORIGEM	VALOR	VENCIMENTO	SITUAÇÃO

INVESTIMENTOS

"O dinheiro ganho com desonestidade diminuirá, mas quem o ajunta aos poucos terá cada vez mais."

PROVÉRBIOS 13.11

Passar pelas estações é levar consigo marcas peculiares de cada tempo.

PLANEJE SUA PRÓXIMA **ESTAÇÃO**

Deus precisa se certificar de que o nosso coração está nele e permanecerá nele.

VIVIANE MARTINELLO

Livros que quero ler

- _____
- _____
- _____
- _____
- _____
- _____
- _____
- _____

Lugares que quero conhecer

- _____
- _____
- _____
- _____
- _____
- _____
- _____
- _____

Filmes e *séries* que quero assistir

- _____
- _____
- _____
- _____

- _____
- _____
- _____
- _____

Motivos de *oração*

- _____
- _____
- _____
- _____
- _____
- _____
- _____
- _____
- _____
- _____
- _____
- _____
- _____
- _____
- _____
- _____
- _____
- _____
- _____
- _____
- _____

Jejum

- _____
- _____
- _____
- _____
- _____
- _____
- _____
- _____
- _____
- _____
- _____
- _____
- _____
- _____
- _____
- _____
- _____
- _____
- _____
- _____

Sendo *intencional* com a minha *família*

Escreva aqui os momentos que você deseja ter com seus familiares este mês.

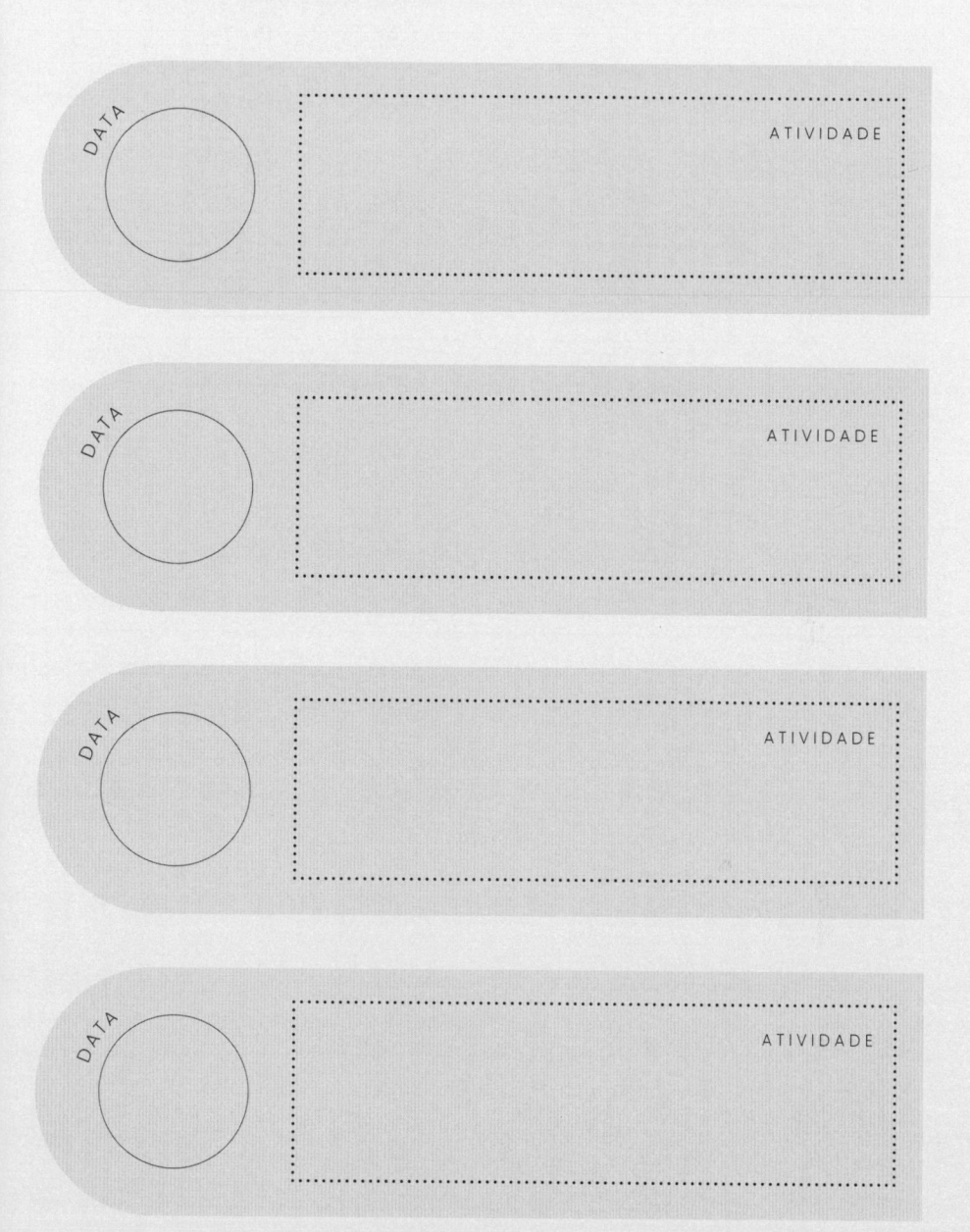

DATA	ATIVIDADE

DATA	ATIVIDADE

DATA	ATIVIDADE

DATA	ATIVIDADE

DOM	SEG	TER	QUA

QUI	SEX	SÁB

Anotações

metas da *semana*

MÊS
COLE AQUI

( ) SEG

( ) TER

( ) QUA

	S	T	Q	Q	S	S	D
📖	○	○	○	○	○	○	○
🙏	○	○	○	○	○	○	○
👙	○	○	○	○	○	○	○
🧴	○	○	○	○	○	○	○
___	○	○	○	○	○	○	○
___	○	○	○	○	○	○	○

A mulher *sábia* edifica a sua casa,
mas com as próprias mãos a
insensata *derruba* a sua.

PROVÉRBIOS 14.1

sou *grata*!

QUI

SEX

SÁB

DOM

metas da *semana*

··· MÊS ···
COLE AQUI

◯ SEG   ◯ TER   ◯ QUA

S T Q Q S S D

Se alguém se considera religioso, mas não refreia a sua *língua*, engana-se a si mesmo. Sua religião não tem valor *algum*!

IAGO 1.26

sou *grata*!

QUI

SEX

SÁB

DOM

metas da *semana*

MÊS
COLE AQUI

◯ SEG

◯ TER

◯ QUA

S T Q Q S S D

Por que você está assim tão triste, minha alma? Por que está assim tão perturbada dentro de mim? Ponha a sua esperança em Deus.

SALMOS 42.11

sou *grata*!

○ QUI

○ SEX

○ SÁB

○ DOM

MÊS COLE AQUI

metas da *semana*

◯ SEG   ◯ TER   ◯ QUA

	S	T	Q	Q	S	S	D
📕	◯	◯	◯	◯	◯	◯	◯
🙏	◯	◯	◯	◯	◯	◯	◯
👙	◯	◯	◯	◯	◯	◯	◯
🧴	◯	◯	◯	◯	◯	◯	◯
___	◯	◯	◯	◯	◯	◯	◯
___	◯	◯	◯	◯	◯	◯	◯

"A *árvore boa* não pode dar frutos ruins, nem a *árvore ruim* pode dar frutos bons."

MATEUS 7.18

sou *grata*!

QUI

SEX

SÁB

DOM

metas da *semana*

MÊS COLE AQUI

○ SEG

○ TER

○ QUA

S T Q Q S S D

Quando vocês ficarem irados,
não pequem; ao deitar-se, reflitam
nisso e *aquietem-se*.

SALMOS 4.4

sou *grata*!

◯ QUI

◯ SEX

◯ SÁB

◯ DOM

FINANÇAS

ENTRADAS

SAÍDAS

ORIGEM	VALOR	VENCIMENTO	SITUAÇÃO

INVESTIMENTOS

"Comigo estão riquezas e honra, prosperidade e justiça duradouras."
PROVÉRBIOS 8.18

A voz da multidão não pode ser a voz do seu coração.

OUÇA, ATENTA, EM CADA **ESTAÇÃO**

A voz da correria,
a voz das urgências,
a voz das multidões,
a voz da ansiedade,
a voz do medo,
a voz da dúvida,
a voz da religião...
são tantas vozes...
mas apenas uma dá a
você direção, descanso,
paz e segurança:
a voz do Bom Pastor!

VIVIANE MARTINELLO

Livros que quero ler

- _____
- _____
- _____
- _____
- _____
- _____
- _____
- _____
- _____
- _____

Lugares que quero conhecer

- _____
- _____
- _____
- _____
- _____
- _____
- _____
- _____
- _____
- _____

Filmes e *séries* que quero assistir

- _____
- _____
- _____
- _____

- _____
- _____
- _____
- _____

Motivos de *oração*

-
-
-
-
-
-
-
-
-
-
-
-
-
-
-
-
-
-
-
-
-

Jejum

-
-
-
-
-
-
-
-
-
-
-
-
-
-
-
-
-
-
-
-

Sendo *intencional* com a minha *família*

Escreva aqui os momentos que você deseja ter com seus familiares este mês.

DATA	ATIVIDADE

DOM	SEG	TER	QUA

QUI	SEX	SÁB

Anotações

· · · MÊS · · ·
COLE AQUI

metas da *semana*

◯ SEG

◯ TER

◯ QUA

S T Q Q S S D

or isso, vistam toda a ***armadura de Deus***, para que possam resistir no dia mau e permanecer *inabaláveis*, depois de terem feito tudo.

EFÉSIOS 6.13

sou *grata*!

QUI

SEX

SÁB

DOM

··· MÊS ···
COLE AQUI

metas da *semana*

◯ SEG   ◯ TER   ◯ QUA

S T Q Q S S D

Não se amoldem ao padrão *deste* mundo, mas transformem-se pela renovação da sua mente, para que sejam capazes de experimentar e comprovar a boa, agradável e *perfeita* vontade de Deus.

ROMANOS 12.2

sou *grata*!

◯ QUI

◯ SEX

◯ SÁB

◯ DOM

••• MÊS •••
COLE AQUI

metas da *semana*

◯ SEG   ◯ TER   ◯ QUA

S T Q Q S S D

Vocês precisam **perseverar**, de modo que, quando tiverem feito a vontade de Deus, recebam o que ele **prometeu**.

HEBREUS 10.36

sou *grata!*

◯ QUI

◯ SEX

◯ SÁB

◯ DOM

MÊS
COLE AQUI

metas da *semana*

◯ SEG

◯ TER

◯ QUA

S T Q Q S S D

O SENHOR é a minha luz e a minha salvação; de quem terei temor? O SENHOR é o meu forte *refúgio*; de quem terei medo?
SALMOS 27.1

sou *grata*!

◯ QUI

◯ SEX

◯ SÁB

◯ DOM

MÊS COLE AQUI

metas da *semana*

○ SEG

○ TER

○ QUA

	S	T	Q	Q	S	S	D
📓	○	○	○	○	○	○	○
🙏	○	○	○	○	○	○	○
👙	○	○	○	○	○	○	○
💄	○	○	○	○	○	○	○
___	○	○	○	○	○	○	○
___	○	○	○	○	○	○	○

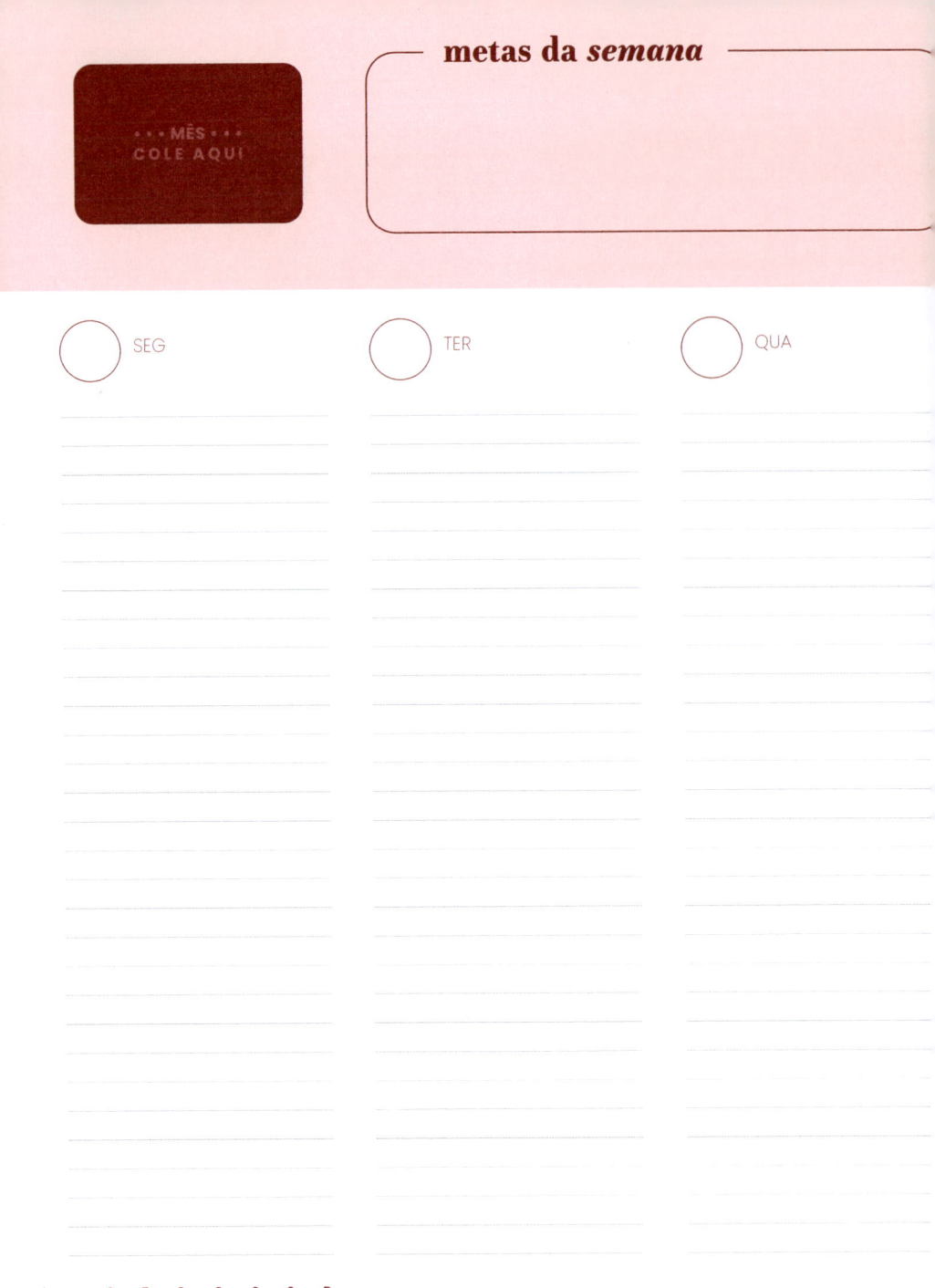

esus respondeu: "Mulher, grande é sua *fé*! Seja conforme você deseja".

ATEUS 15.28

sou *grata*!

○ QUI

○ SEX

○ SÁB

○ DOM

FINANÇAS

ENTRADAS

SAÍDAS

ORIGEM	VALOR	VENCIMENTO	SITUAÇÃO

INVESTIMENTOS

"O senhor respondeu: 'Muito bem, servo bom e fiel! Você foi fiel no pouco, eu o porei sobre o muito. Venha e participe da alegria do seu senhor!'"

MATEUS 25.21

Celebre as estações maravilhosas que outras mulheres estão vivendo.

APRENDA NESTA ESTAÇÃO

As mulheres que Deus quer levantar não são apenas hábeis, são as que habilitam outras mulheres.

VIVIANE MARTINELLO

Livros que quero ler

- _____
- _____
- _____
- _____
- _____
- _____
- _____
- _____
- _____
- _____

Lugares que quero conhecer

- _____
- _____
- _____
- _____
- _____
- _____
- _____
- _____
- _____

Filmes e *séries* que quero assistir

- _____
- _____
- _____
- _____

- _____
- _____
- _____
- _____

Motivos de *oração*

- _____
- _____
- _____
- _____
- _____
- _____
- _____
- _____
- _____
- _____
- _____
- _____
- _____
- _____
- _____
- _____
- _____
- _____
- _____
- _____

Jejum

- _____
- _____
- _____
- _____
- _____
- _____
- _____
- _____
- _____
- _____
- _____
- _____
- _____
- _____
- _____
- _____
- _____
- _____
- _____
- _____

Sendo *intencional* com a minha *família*

Escreva aqui os momentos que você deseja ter com seus familiares este mês.

DATA — ATIVIDADE

DATA — ATIVIDADE

DATA — ATIVIDADE

DATA — ATIVIDADE

DOM	SEG	TER	QUA

QUI	SEX	SÁB

Anotações

**・・・MÊS・・・
COLE AQUI**

metas da *semana*

○ SEG

○ TER

○ QUA

S T Q Q S S D

Mas o *fruto do Espírito* é amor, alegria, paz, paciência, amabilidade, bondade, fidelidade, mansidão e domínio próprio. Contra essas coisas **não** há lei.

GÁLATAS 5.22,23

sou grata!

○ QUI

○ SEX

○ SÁB

○ DOM

··· MÊS ···
COLE AQUI

metas da *semana*

◯ SEG

◯ TER

◯ QUA

S T Q Q S S D

"*Cantem* para ele, *louvem-no*; contem todos os seus atos maravilhosos."

CRÔNICAS 16.9

sou *grata*!

◯ QUI

◯ SEX

◯ SÁB

◯ DOM

··· MÊS ···
COLE AQUI

metas da *semana*

○ SEG

○ TER

○ QUA

S T Q Q S S D

Mas em todas estas coisas somos mais que *vencedores*, por meio daquele que nos amou.
ROMANOS 8.37

sou *grata!*

QUI

SEX

SÁB

DOM

··· MÊS ···
COLE AQUI

metas da *semana*

◯ SEG

◯ TER

◯ QUA

S T Q Q S S D

Espere no SENHOR.
Seja forte! Coragem!
SALMOS 27.14

sou *grata!*

◯ QUI

◯ SEX

◯ SÁB

◯ DOM

MÊS COLE AQUI

— **metas da *semana*** —

◯ SEG

◯ TER

◯ QUA

S T Q Q S S D

pois a palavra de Deus é *viva* e eficaz, mais afiada que qualquer espada de dois gumes; ela penetra até o ponto de dividir alma e espírito, juntas e medulas, e julga os *pensamentos* e as *intenções* do coração.

HEBREUS 4.12

sou *grata!*

◯ QUI

◯ SEX

◯ SÁB

◯ DOM

FINANÇAS

ENTRADAS

SAÍDAS

ORIGEM	VALOR	VENCIMENTO	SITUAÇÃO

INVESTIMENTOS

"A riqueza e a honra vêm de ti; tu dominas sobre todas as coisas. Nas tuas mãos estão a força e o poder para exaltar e dar força a todos."

1CRÔNICAS 29.12

Entre o chamado e o cumprimento, existe um tempo de espera.

NÃO DESISTA DA SUA **ESTAÇÃO**

Noé entendeu que foi chamado para construir a arca. Fazer chover era com Deus.

VIVIANE MARTINELLO

Livros que quero ler

- _____
- _____
- _____
- _____
- _____
- _____
- _____
- _____
- _____
- _____

Lugares que quero conhecer

- _____
- _____
- _____
- _____
- _____
- _____
- _____
- _____
- _____
- _____

Filmes e *séries* que quero assistir

- _____
- _____
- _____
- _____

- _____
- _____
- _____
- _____

Motivos de *oração*

- _____
- _____
- _____
- _____
- _____
- _____
- _____
- _____
- _____
- _____
- _____
- _____
- _____
- _____
- _____
- _____
- _____
- _____
- _____
- _____
- _____
- _____
- _____

Jejum

- _____
- _____
- _____
- _____
- _____
- _____
- _____
- _____
- _____
- _____
- _____
- _____
- _____
- _____
- _____
- _____
- _____
- _____
- _____
- _____
- _____

Sendo *intencional* com a minha *família*

Escreva aqui os momentos que você deseja ter com seus familiares este mês.

DATA — ATIVIDADE

DATA — ATIVIDADE

DATA — ATIVIDADE

DATA — ATIVIDADE

DOM	SEG	TER	QUA

QUI	SEX	SÁB

Anotações

··· MÊS ···
COLE AQUI

metas da *semana*

◯ SEG

◯ TER

◯ QUA

       S T Q Q S S D
📖   ◯ ◯ ◯ ◯ ◯ ◯ ◯
🙏   ◯ ◯ ◯ ◯ ◯ ◯ ◯
🩲   ◯ ◯ ◯ ◯ ◯ ◯ ◯
🧴   ◯ ◯ ◯ ◯ ◯ ◯ ◯
___   ◯ ◯ ◯ ◯ ◯ ◯ ◯
___   ◯ ◯ ◯ ◯ ◯ ◯ ◯

"Feliz é aquela que *creu* que se cumprirá
aquilo que o Senhor lhe disse!"
LUCAS 1.45

sou *grata*!

◯ QUI

◯ SEX

◯ SÁB

◯ DOM

· · · MÊS · · ·
COLE AQUI

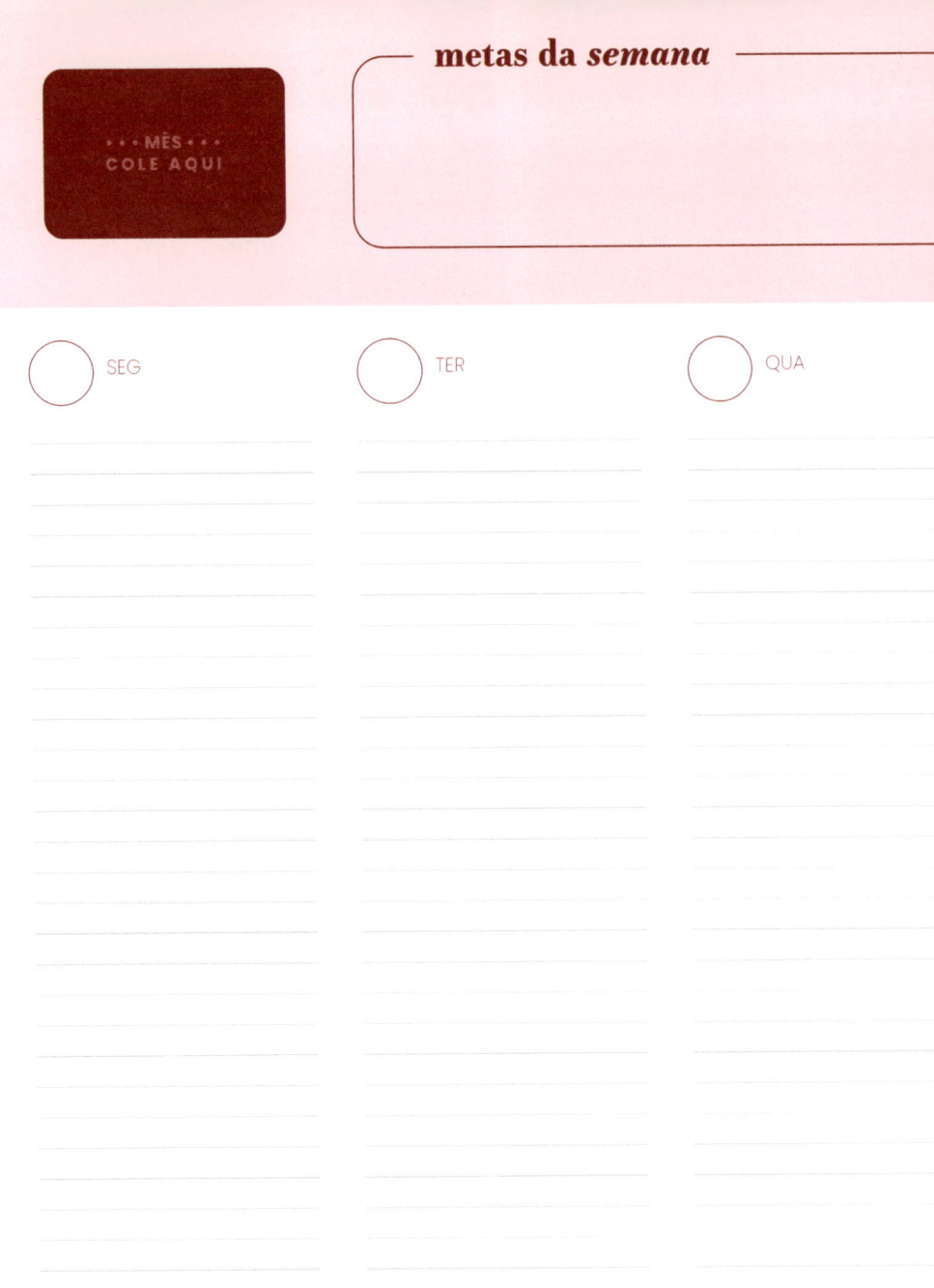

— metas da *semana* —

○ SEG

○ TER

○ QUA

	S	T	Q	Q	S	S	D
	○	○	○	○	○	○	○
	○	○	○	○	○	○	○
	○	○	○	○	○	○	○
	○	○	○	○	○	○	○
___	○	○	○	○	○	○	○
___	○	○	○	○	○	○	○

ão andem ansiosos por coisa alguma,
as em tudo, pela oração e súplicas, e
om *ação de graças*, apresentem seus
edidos a Deus.

LIPENSES 4.6

sou *grata*!

QUI

SEX

SÁB

DOM

MÊS COLE AQUI

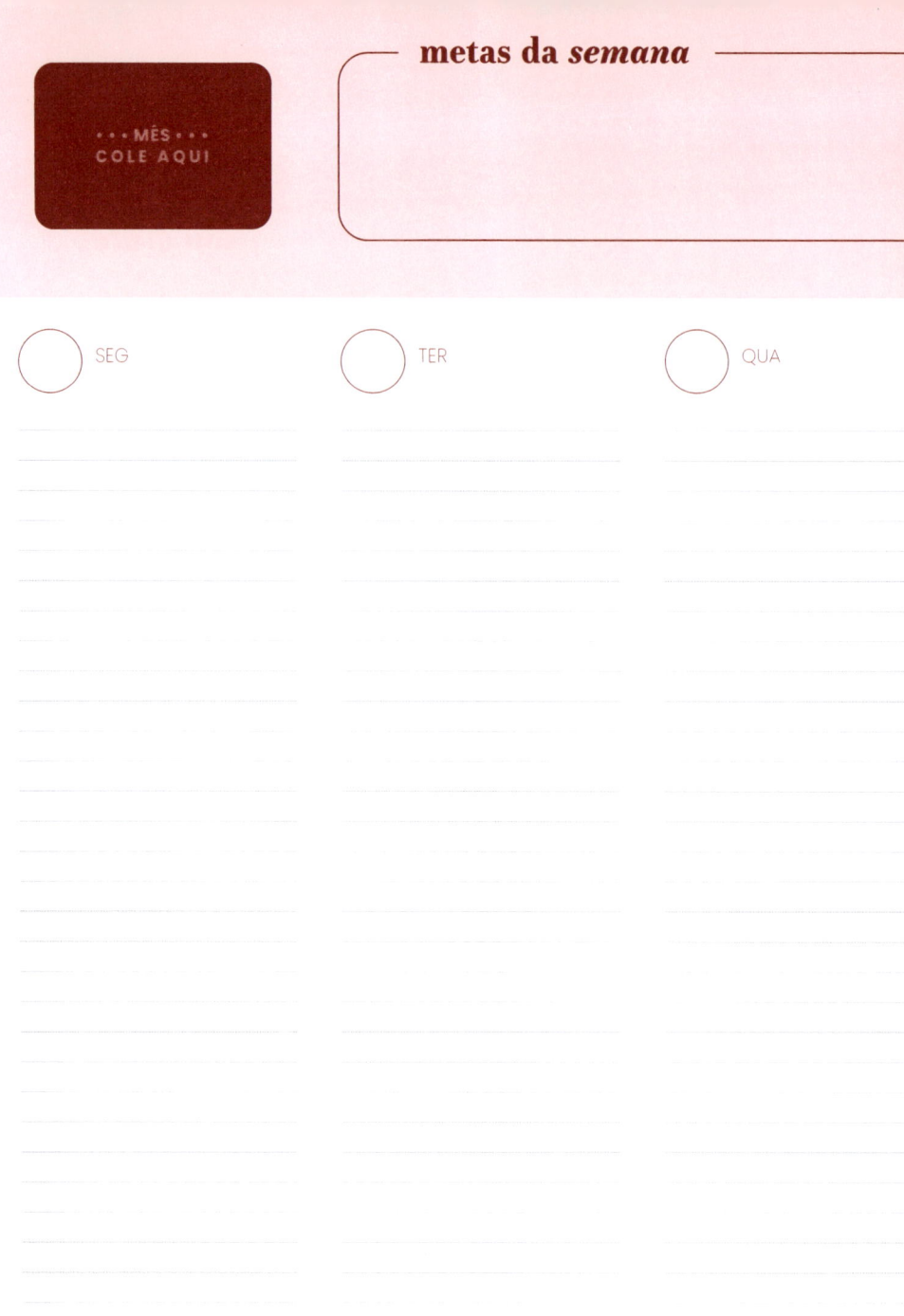

metas da *semana*

◯ SEG

◯ TER

◯ QUA

S T Q Q S S D

Deleite-se no SENHOR, e ele atenderá aos desejos do seu coração.

SALMOS 37.4

sou *grata*!

QUI

SEX

SÁB

DOM

MÊS COLE AQUI

metas da *semana*

◯ SEG

◯ TER

◯ QUA

S T Q Q S S D

ortanto, agora já **não** há condenação
ara os que estão em Cristo Jesus.

OMANOS 8.1

sou *grata*!

◯ QUI

◯ SEX

◯ SÁB

◯ DOM

· · · MÊS · · ·
COLE AQUI

metas da *semana*

◯ SEG

◯ TER

◯ QUA

S T Q Q S S D

onfie no S{senhor} de **todo o seu**
ração e não se apoie em seu próprio
tendimento; reconheça o S{senhor} em
dos os seus caminhos, e ele **endireitará**
suas veredas.

OVÉRBIOS 3.5,6

sou *grata*!

QUI

SEX

SÁB

DOM

FINANÇAS

ENTRADAS

SAÍDAS

ORIGEM	VALOR	VENCIMENTO	SITUAÇÃO

INVESTIMENTOS

"O meu Deus suprirá todas as necessidades de vocês, de acordo com as suas gloriosas riquezas em Cristo Jesus."

FILIPENSES 4.19

Existem guerras que você vive e ninguém vê. Deus capacitará você no secreto.

PERSEVERE NA SUA **ESTAÇÃO**

**Quando aprendemos
a calar e andamos no
poder do silêncio, somos
aperfeiçoadas em Deus.**

VIVIANE MARTINELLO

Livros que quero ler

- _____
- _____
- _____
- _____
- _____
- _____
- _____
- _____
- _____
- _____

Lugares que quero conhecer

- _____
- _____
- _____
- _____
- _____
- _____
- _____
- _____
- _____
- _____

Filmes e *séries* que quero assistir

- _____   - _____
- _____   - _____
- _____   - _____
- _____   - _____

Motivos de *oração*

- _____
- _____
- _____
- _____
- _____
- _____
- _____
- _____
- _____
- _____
- _____
- _____
- _____
- _____
- _____
- _____
- _____
- _____
- _____
- _____
- _____
- _____

Jejum

- _____
- _____
- _____
- _____
- _____
- _____
- _____
- _____
- _____
- _____
- _____
- _____
- _____
- _____
- _____
- _____
- _____
- _____
- _____
- _____

Sendo *intencional* com a minha *família*

Escreva aqui os momentos que você deseja ter com seus familiares este mês.

DATA / ATIVIDADE

DATA / ATIVIDADE

DATA / ATIVIDADE

DATA / ATIVIDADE

DOM	SEG	TER	QUA

QUI	SEX	SÁB

Anotações

··· MÊS ···
COLE AQUI

metas da *semana*

○ SEG

○ TER

○ QUA

S T Q Q S S D

le *fortalece* o cansado e dá grande
vigor ao que está sem forças.
ISAÍAS 40.29

sou *grata*!

QUI

SEX

SÁB

DOM

··· MÊS ···
COLE AQUI

metas da *semana*

◯ SEG

◯ TER

◯ QUA

	S	T	Q	Q	S	S	D
📕	◯	◯	◯	◯	◯	◯	◯
🙏	◯	◯	◯	◯	◯	◯	◯
👙	◯	◯	◯	◯	◯	◯	◯
🧴	◯	◯	◯	◯	◯	◯	◯
___	◯	◯	◯	◯	◯	◯	◯
___	◯	◯	◯	◯	◯	◯	◯

pois no dia da adversidade ele me
guardará *protegido* em sua habitação; no
seu tabernáculo me esconderá e me porá
em *segurança* sobre um rochedo.

SALMOS 27.5

sou *grata*!

○ QUI

○ SEX

○ SÁB

○ DOM

···MÊS···
COLE AQUI

metas da *semana*

◯ SEG ◯ TER ◯ QUA

S T Q Q S S D

pois Deus **não** nos deu espírito de covardia, mas de poder, de amor e de *equilíbrio*.

2 TIMÓTEO 1.7

sou *grata*!

QUI

SEX

SÁB

DOM

··· MÊS ···
COLE AQUI

metas da *semana*

◯ SEG

◯ TER

◯ QUA

	S	T	Q	Q	S	S	D
📖	◯	◯	◯	◯	◯	◯	◯
🙏	◯	◯	◯	◯	◯	◯	◯
🎒	◯	◯	◯	◯	◯	◯	◯
🧴	◯	◯	◯	◯	◯	◯	◯
___	◯	◯	◯	◯	◯	◯	◯
___	◯	◯	◯	◯	◯	◯	◯

sim, permanecem agora estes três:
é, a esperança e o amor. O maior deles,
rém, é o *amor*.

ORÍNTIOS 13.13

sou *grata*!

◯ QUI

◯ SEX

◯ SÁB

◯ DOM

metas da *semana*

··· MÊS ···
COLE AQUI

◯ SEG

◯ TER

◯ QUA

S T Q Q S S D

sde que nasci fui entregue a ti; desde o
ntre materno és o *meu* Deus.
LMOS 22.20

sou *grata*!

QUI

SEX

SÁB

DOM

FINANÇAS

ENTRADAS

SAÍDAS

ORIGEM	VALOR	VENCIMENTO	SITUAÇÃO

INVESTIMENTOS

"Pois onde estiver o seu tesouro, aí também estará o seu coração."

MATEUS 6.21

Celebre as estações! Tanto a de quem está pronta como a de quem está no processo.

ENTENDA CADA ESTAÇÃO

**Encoraje!
Diga que está perto.
Seja suporte.
Seja presente.
Seja os braços de
Jesus aqui!**

VIVIANE MARTINELLO

Livros que quero ler

- _____
- _____
- _____
- _____
- _____
- _____
- _____
- _____
- _____

Lugares que quero conhecer

- _____
- _____
- _____
- _____
- _____
- _____
- _____
- _____
- _____
- _____

Filmes e *séries* que quero assistir

- _____
- _____
- _____
- _____

- _____
- _____
- _____
- _____

Motivos de *oração*

- _____
- _____
- _____
- _____
- _____
- _____
- _____
- _____
- _____
- _____
- _____
- _____
- _____
- _____
- _____
- _____
- _____
- _____
- _____
- _____
- _____

Jejum

- _____
- _____
- _____
- _____
- _____
- _____
- _____
- _____
- _____
- _____
- _____
- _____
- _____
- _____
- _____
- _____
- _____
- _____
- _____
- _____
- _____
- _____

Sendo *intencional* com a minha *família*

Escreva aqui os momentos que você deseja ter com seus familiares este mês.

DATA	ATIVIDADE

DOM	SEG	TER	QUA

QUI	SEX	SÁB

Anotações

....
....
....
....
....
....
....
....
....

• • • MÊS • • •
COLE AQUI

metas da *semana*

○ SEG

○ TER

○ QUA

S T Q Q S S D

...peguemo-nos com firmeza à *esperança* que professamos, pois aquele que prometeu é *fiel.*

HEBREUS 10.23

sou *grata*!

QUI

SEX

SÁB

DOM

MÊS
COLE AQUI

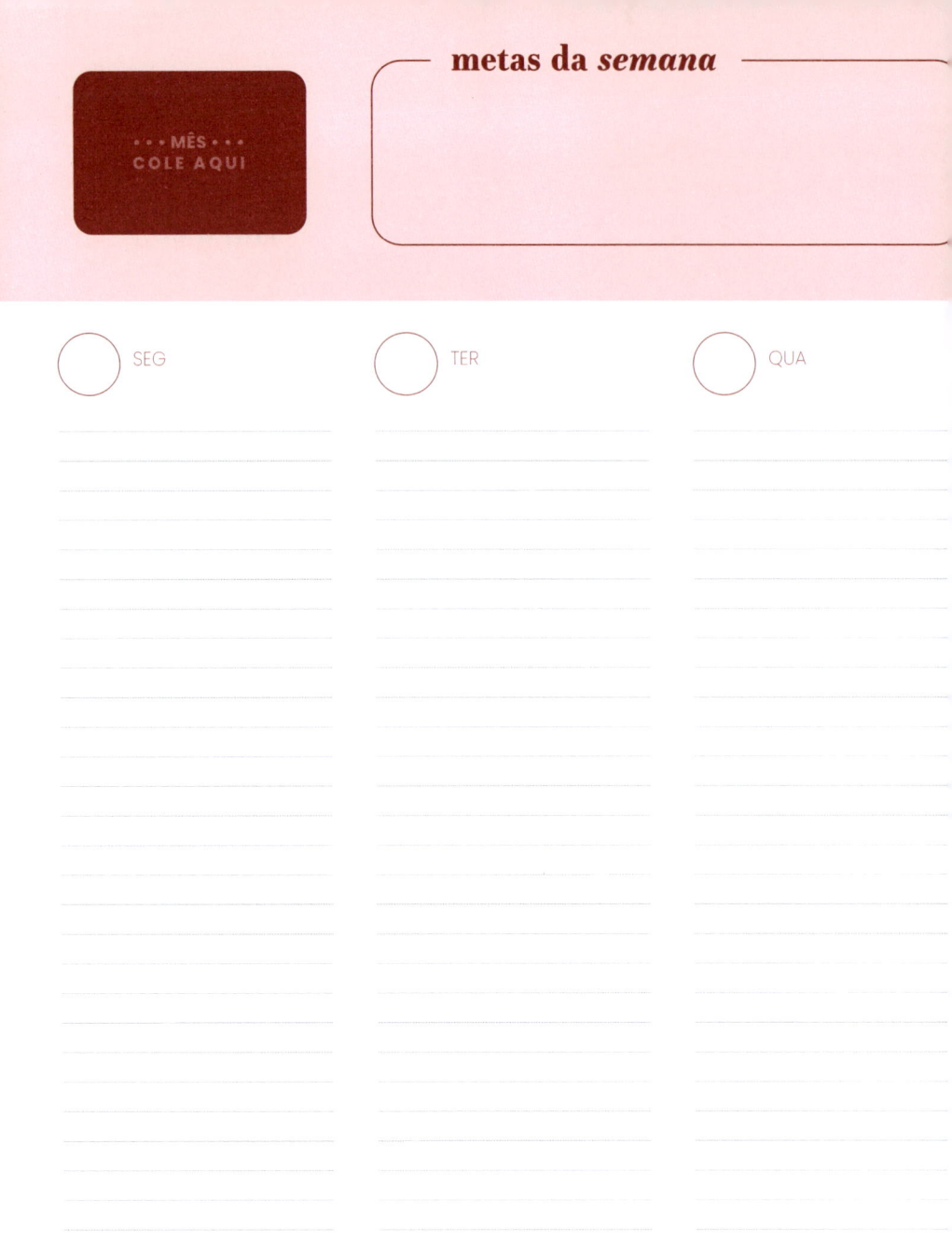

metas da *semana*

○ SEG ○ TER ○ QUA

S T Q Q S S D

"Eu disse essas coisas para que em mim vocês tenham *paz*. Neste mundo vocês terão aflições; contudo, tenham *ânimo*! Eu venci o mundo."

JOÃO 16.33

sou *grata*!

QUI

SEX

SÁB

DOM

··· MÊS ···
COLE AQUI

metas da *semana*

◯ SEG

◯ TER

◯ QUA

nsina-me a fazer a *tua vontade*, pois
 és o meu Deus; que o teu bondoso
spírito me conduza por terreno plano.
ALMOS 143.10

sou *grata*!

QUI

SEX

SÁB

DOM

metas da *semana*

MÊS
COLE AQUI

○ SEG

○ TER

○ QUA

	S	T	Q	Q	S	S	D
📓	○	○	○	○	○	○	○
🙏	○	○	○	○	○	○	○
👙	○	○	○	○	○	○	○
🧴	○	○	○	○	○	○	○
___	○	○	○	○	○	○	○
___	○	○	○	○	○	○	○

não nos cansemos de fazer o **bem**,
ois no tempo próprio colheremos,
e não desanimarmos.

ÁLATAS 6.9

sou *grata*!

◯ QUI

◯ SEX

◯ SÁB

◯ DOM

••• MÊS •••
COLE AQUI

metas da *semana*

◯ SEG

◯ TER

◯ QUA

S T Q Q S S D

mados, amemos uns aos outros, pois o
nor procede de Deus. Aquele que ama é
scido de Deus e **conhece** a Deus.

OÃO 4.7

sou *grata*!

QUI

SEX

SÁB

DOM

FINANÇAS

ENTRADAS

SAÍDAS

ORIGEM	VALOR	VENCIMENTO	SITUAÇÃO

INVESTIMENTOS

"Cuidado! Fiquem de sobreaviso contra todo tipo de ganância; a vida de um homem não consiste na quantidade dos seus bens."

LUCAS 12.15

Por mais
seca e difícil
que seja a estação,
ela promove em nós
o que é necessário
para voltarmos a
dar frutos.

NÃO TEMA AS DORES DA **ESTAÇÃO**

**Deus não costuma
nos convidar para sairmos
da zona de conforto;
ele simplesmente
tem o hábito de nos
arrancar de lá.**

VIVIANE MARTINELLO

Livros que quero ler

- _____
- _____
- _____
- _____
- _____
- _____
- _____
- _____
- _____
- _____

Lugares que quero conhecer

- _____
- _____
- _____
- _____
- _____
- _____
- _____
- _____
- _____
- _____

Filmes e séries que quero assistir

- _____
- _____
- _____
- _____

- _____
- _____
- _____
- _____

Motivos de *oração*

- _____
- _____
- _____
- _____
- _____
- _____
- _____
- _____
- _____
- _____
- _____
- _____
- _____
- _____
- _____
- _____
- _____
- _____
- _____
- _____
- _____
- _____

Jejum

- _____
- _____
- _____
- _____
- _____
- _____
- _____
- _____
- _____
- _____
- _____
- _____
- _____
- _____
- _____
- _____
- _____
- _____
- _____
- _____
- _____
- _____
- _____
- _____

Sendo *intencional* com a minha *família*

Escreva aqui os momentos que você deseja ter com seus familiares este mês.

DATA — ATIVIDADE

DATA — ATIVIDADE

DATA — ATIVIDADE

DATA — ATIVIDADE

DOM	SEG	TER	QUA

QUI	SEX	SÁB

Anotações

··· MÊS ···
COLE AQUI

metas da *semana*

◯ SEG ◯ TER ◯ QUA

S T Q Q S S D

"Embora os montes sejam sacudidos e as colinas sejam removidas, ainda assim a minha *fidelidade* para com você não será abalada, nem será removida a minha aliança de paz."

ISAÍAS 54.10

sou *grata*!

QUI

SEX

SÁB

DOM

MÊS
COLE AQUI

metas da *semana*

◯ SEG

◯ TER

◯ QUA

S T Q Q S S D

pois os nossos sofrimentos leves e momentâneos estão produzindo para nós uma *glória eterna* que pesa mais do que todos eles.

CORÍNTIOS 4.17

sou *grata*!

QUI

SEX

SÁB

DOM

MÊS
COLE AQUI

metas da *semana*

◯ SEG   ◯ TER   ◯ QUA

S T Q Q S S D

No amor não há medo; ao contrário o perfeito *amor expulsa o medo*, porque medo supõe castigo. Aquele que tem medo não está aperfeiçoado no amor.

JOÃO 4.18

sou *grata*!

| QUI | SEX | SÁB |

DOM

··· MÊS ···
COLE AQUI

metas da *semana*

◯ SEG

◯ TER

◯ QUA

S T Q Q S S D

Portanto, humilhem-se debaixo da poderosa mão de Deus, para que ele os exalte no *tempo devido*. Lancem sobre ele toda a sua ansiedade, porque ele tem *cuidado* de vocês.

1 PEDRO 5.6,7

sou *grata*!

○ QUI

○ SEX

○ SÁB

○ DOM

• • • MÊS • • •
COLE AQUI

metas da *semana*

◯ SEG

◯ TER

◯ QUA

S T Q Q S S D

"Saibam, portanto, que o SENHOR, o seu Deus, é Deus; ele é o Deus fiel, que mantém a aliança e a **bondade** por mil gerações daqueles que o amam e obedecem aos seus mandamentos."

DEUTERONÔMIO 7.9

sou *grata*!

◯ QUI

◯ SEX

◯ SÁB

◯ DOM

FINANÇAS

ENTRADAS

SAÍDAS

ORIGEM	VALOR	VENCIMENTO	SITUAÇÃO

INVESTIMENTOS

> "Há quem dê generosamente, e vê aumentar suas riquezas; outros retêm o que deveriam dar, e caem na pobreza. O generoso prosperará; quem dá alívio aos outros, alívio receberá."
>
> **PROVÉRBIOS 11.24,25**

Deus não nos chamou para sermos iguais, mas para desfrutarmos e esperarmos a estação de frutificar.

FRUTIFIQUE NA SUA **ESTAÇÃO**

Ande na agenda de Deus.

VIVIANE MARTINELLO

Livros que quero ler

- _____
- _____
- _____
- _____
- _____
- _____
- _____
- _____
- _____
- _____

Lugares que quero conhecer

- _____
- _____
- _____
- _____
- _____
- _____
- _____
- _____
- _____
- _____

Filmes e *séries* que quero assistir

- _____
- _____
- _____
- _____

- _____
- _____
- _____
- _____

Motivos de *oração*

-
-
-
-
-
-
-
-
-
-
-
-
-
-
-
-
-
-
-

Jejum

-
-
-
-
-
-
-
-
-
-
-
-
-
-
-
-
-
-
-

Sendo *intencional* com a minha *família*

Escreva aqui os momentos que você deseja ter com seus familiares este mês.

DATA — ATIVIDADE

DATA — ATIVIDADE

DATA — ATIVIDADE

DATA — ATIVIDADE

DOM	SEG	TER	QUA

QUI	SEX	SÁB

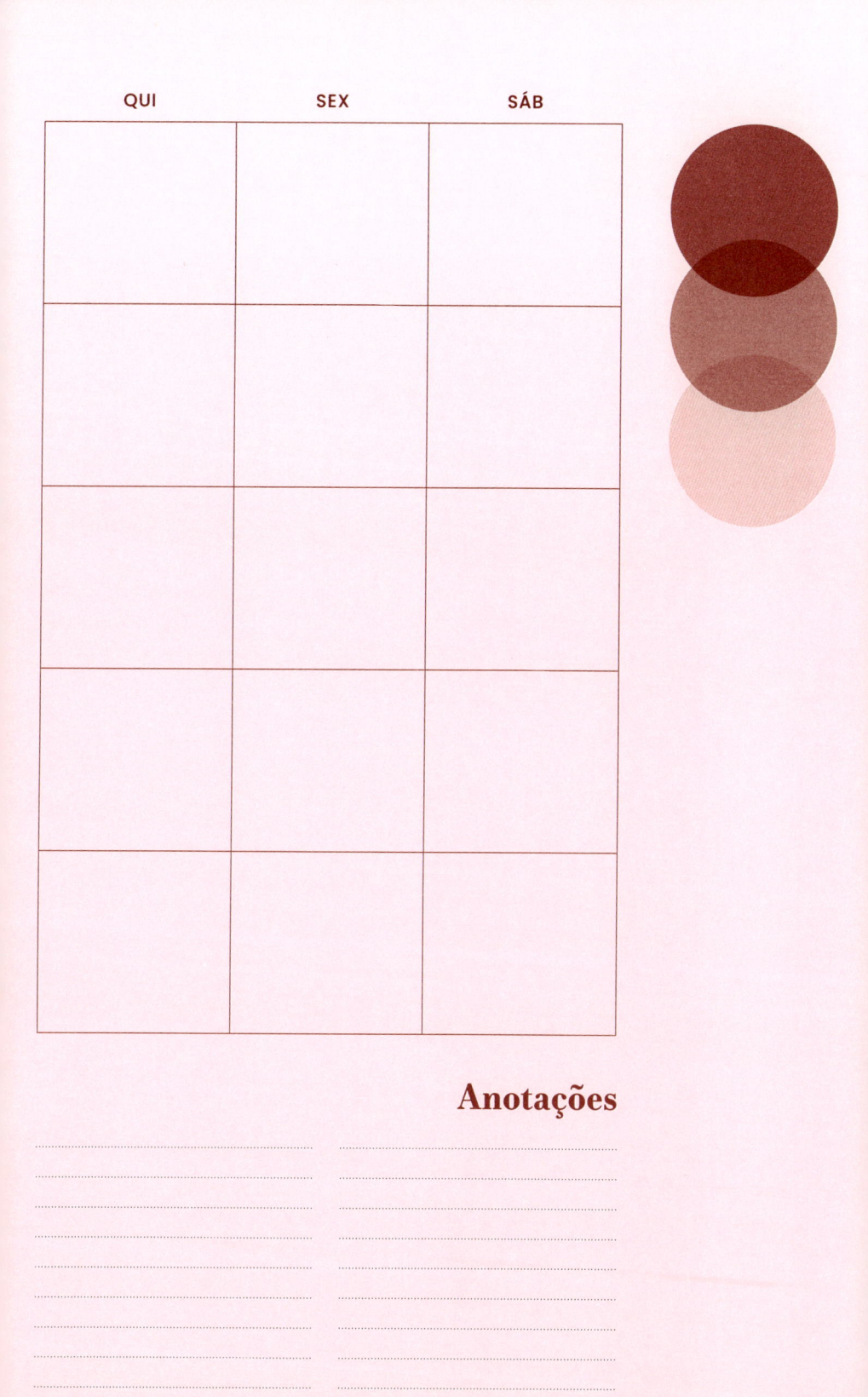

Anotações

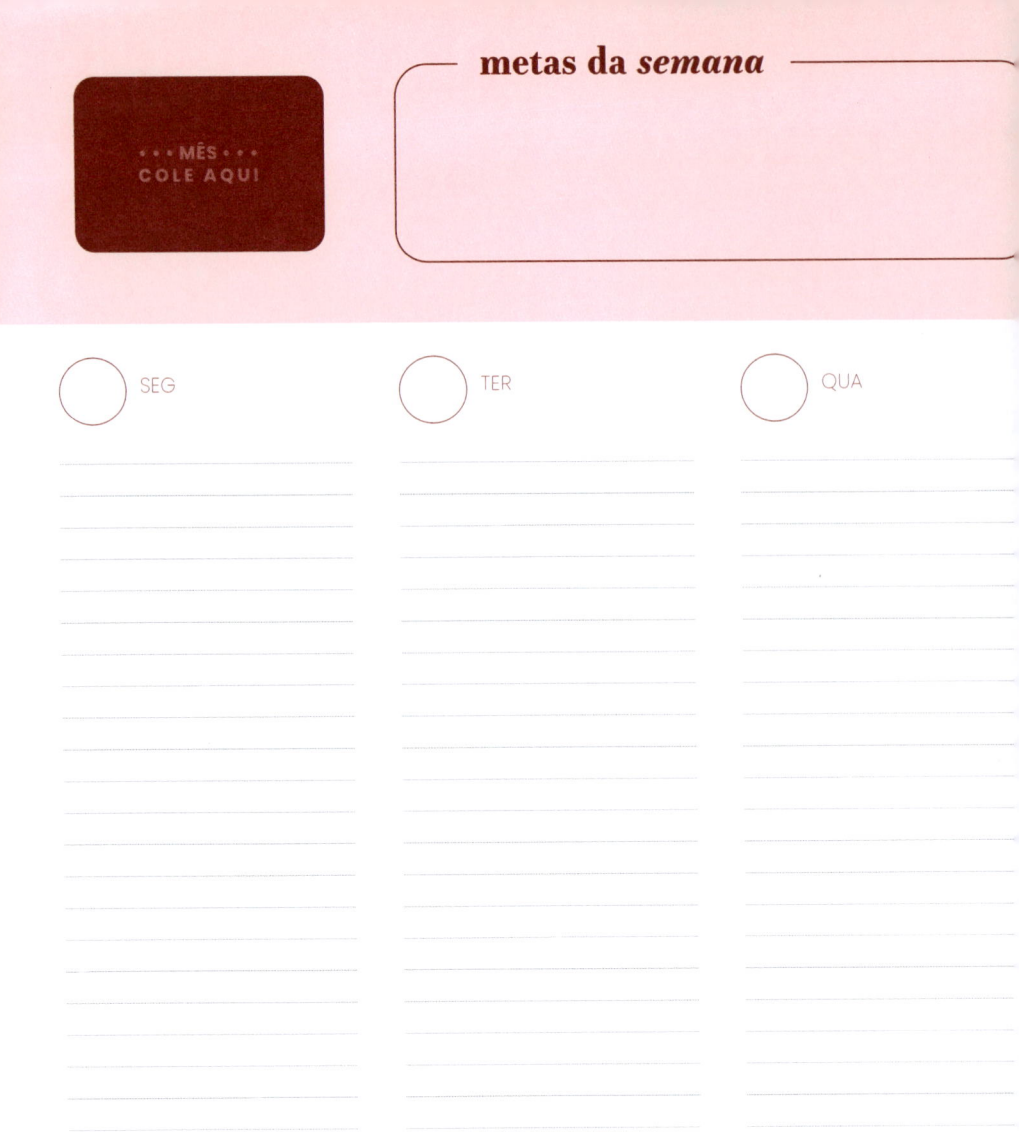

··· MÊS ···
COLE AQUI

metas da *semana*

◯ SEG ◯ TER ◯ QUA

S T Q Q S S D

"Agora, minha filha, não tenha medo; farei por você tudo o que me pedir. Todos os meus concidadãos sabem que você é *mulher virtuosa*."

RUTE 3.11

sou *grata*!

◯ QUI

◯ SEX

◯ SÁB

◯ DOM

...MÊS...
COLE AQUI

metas da *semana*

◯ SEG

◯ TER

◯ QUA

S T Q Q S S D

"E, quando estiverem orando, se tiverem alguma coisa contra alguém, **perdoem-no**, para que também o Pai celestial perdoe os seus pecados."

MARCOS 11.25

sou *grata*!

◯ QUI

◯ SEX

◯ SÁB

◯ DOM

••• MÊS •••
COLE AQUI

metas da *semana*

○ SEG

○ TER

○ QUA

S T Q Q S S D

Senhor conduza o coração de vocês ao *nor de Deus* e à perseverança de Cristo.

ESSALONICENSES 3.5

sou *grata*!

QUI

SEX

SÁB

DOM

MÊS
COLE AQUI

— **metas da** *semana* —

◯ SEG

◯ TER

◯ QUA

S T Q Q S S D

"Por isso **não tema**, pois estou com você;
não tenha medo, pois sou o seu Deus.
Eu o *fortalecerei* e o *ajudarei*;
eu o segurarei com a minha
mão direita vitoriosa."

ISAÍAS 41.10

sou *grata*!

QUI

SEX

SÁB

DOM

··· MÊS ···
COLE AQUI

metas da *semana*

( ) SEG

( ) TER

( ) QUA

	S	T	Q	Q	S	S	D
📕	○	○	○	○	○	○	○
🙏	○	○	○	○	○	○	○
👙	○	○	○	○	○	○	○
🧴	○	○	○	○	○	○	○
___	○	○	○	○	○	○	○
___	○	○	○	○	○	○	○

"Não julguem e vocês não serão julgados.
Não condenem e não serão condenados.
Perdoem e serão perdoados."
LUCAS 6.37

sou *grata!*

QUI

SEX

SÁB

DOM

FINANÇAS

ENTRADAS

SAÍDAS

ORIGEM	VALOR	VENCIMENTO	SITUAÇÃO

INVESTIMENTOS

> "Plante de manhã a sua semente, e mesmo ao entardecer não deixe as suas mãos ficarem à toa, pois você não sabe o que acontecerá, se esta ou aquela produzirá, ou se as duas serão igualmente boas."
>
> **ECLESIASTES 11.6**

Você não é todo mundo! Não ande como todo mundo anda, siga o direcionamento do céu.

CRESÇA NESTA ESTAÇÃO

Um ciclo se fecha para que outro se inicie.

VIVIANE MARTINELLO

Livros que quero ler

- _____
- _____
- _____
- _____
- _____
- _____
- _____
- _____
- _____

Lugares que quero conhecer

- _____
- _____
- _____
- _____
- _____
- _____
- _____
- _____
- _____
- _____

Filmes e *séries* que quero assistir

- _____
- _____
- _____

- _____
- _____
- _____

Motivos de *oração*

- _____
- _____
- _____
- _____
- _____
- _____
- _____
- _____
- _____
- _____
- _____
- _____
- _____
- _____
- _____
- _____
- _____
- _____
- _____
- _____
- _____
- _____

Jejum

- _____
- _____
- _____
- _____
- _____
- _____
- _____
- _____
- _____
- _____
- _____
- _____
- _____
- _____
- _____
- _____
- _____
- _____
- _____
- _____
- _____
- _____
- _____
- _____

Sendo *intencional* com a minha *família*

Escreva aqui os momentos que você deseja ter com seus familiares este mês.

DATA	ATIVIDADE

DATA	ATIVIDADE

DATA	ATIVIDADE

DATA	ATIVIDADE

DOM	SEG	TER	QUA

QUI	SEX	SÁB

Anotações

••• MÊS •••
COLE AQUI

metas da *semana*

SEG

TER

QUA

S T Q Q S S D

"**Tudo** o que vocês pedirem em *oração*, creiam que já o receberam, e assim sucederá."

MARCOS 11.24

sou *grata*!

◯ QUI

◯ SEX

◯ SÁB

◯ DOM

MÊS
COLE AQUI

metas da *semana*

◯ SEG

◯ TER

◯ QUA

S T Q Q S S D

uportem-se uns aos outros e *perdoem* as
ueixas que tiverem uns contra os outros.
erdoem como o *Senhor lhes perdoou*.
OLOSSENSES 3.13

sou *grata*!

QUI

SEX

SÁB

DOM

MÊS
COLE AQUI

metas da *semana*

◯ SEG

◯ TER

◯ QUA

S T Q Q S S D

Descanse no SENHOR e aguarde por ele com paciência; não se aborreça com o sucesso dos outros nem com aqueles que maquinam o mal.

SALMOS 37.7

sou grata!

QUI

SEX

SÁB

DOM

··· MÊS ···
COLE AQUI

metas da *semana*

○ SEG

○ TER

○ QUA

S T Q Q S S D
○ ○ ○ ○ ○ ○ ○
○ ○ ○ ○ ○ ○ ○
○ ○ ○ ○ ○ ○ ○
○ ○ ○ ○ ○ ○ ○
___ ○ ○ ○ ○ ○ ○ ○
___ ○ ○ ○ ○ ○ ○ ○

"Se vocês, apesar de serem maus, sabem dar boas coisas aos seus filhos, quanto mais o *Pai* de vocês, que está nos céus, dará coisas boas aos que lhe *pedirem*!"

MATEUS 7.11

sou *grata*!

◯ QUI

◯ SEX

◯ SÁB

◯ DOM

MÊS COLE AQUI

metas da *semana*

◯ SEG

◯ TER

◯ QUA

S T Q Q S S D

Alegrem-se sempre. *Orem* continuamente. Deem graças em *todas* as circunstâncias, pois esta é a vontade de Deus para vocês em Cristo Jesus.

1 TESSALONICENSES 5.16-18

sou *grata*!

○ QUI

○ SEX

○ SÁB

○ DOM

FINANÇAS

ENTRADAS

SAÍDAS

ORIGEM	VALOR	VENCIMENTO	SITUAÇÃO

INVESTIMENTOS

"O preguiçoso não aproveita a sua caça, mas o diligente dá valor a seus bens."

PROVÉRBIOS 12.27

As estações da vida preparam você para viver os sonhos de Deus.

SONHE NA SUA **ESTAÇÃO**

Àquele que é capaz de fazer infinitamente mais do que tudo o que pedimos ou pensamos, de acordo com o seu poder que atua em nós, a ele seja a glória [...].

EFÉSIOS 3.20,21

Livros que quero ler

- _____
- _____
- _____
- _____
- _____
- _____
- _____
- _____

Lugares que quero conhecer

- _____
- _____
- _____
- _____
- _____
- _____
- _____
- _____
- _____
- _____

Filmes e *séries* que quero assistir

- _____
- _____
- _____
- _____

- _____
- _____
- _____
- _____

Motivos de *oração*

- _____
- _____
- _____
- _____
- _____
- _____
- _____
- _____
- _____
- _____
- _____
- _____
- _____
- _____
- _____
- _____
- _____
- _____
- _____
- _____
- _____
- _____

Jejum

- _____
- _____
- _____
- _____
- _____
- _____
- _____
- _____
- _____
- _____
- _____
- _____
- _____
- _____
- _____
- _____
- _____
- _____
- _____

Sendo *intencional* com a minha *família*

Escreva aqui os momentos que você deseja ter com seus familiares este mês.

DATA — ATIVIDADE

DATA — ATIVIDADE

DATA — ATIVIDADE

DATA — ATIVIDADE

DOM	SEG	TER	QUA

QUI	SEX	SÁB

Anotações

··· MÊS ···
COLE AQUI

metas da *semana*

◯ SEG

◯ TER

◯ QUA

S T Q Q S S D

...espondeu Jesus: "***Eu sou*** o caminho, a ...erdade e a vida. Ninguém vem ao Pai, a ...ão ser *por mim*".

OÃO 14.6

sou *grata*!

QUI

SEX

SÁB

DOM

・・・ MÊS ・・・
COLE AQUI

metas da *semana*

◯ SEG

◯ TER

◯ QUA

S T Q Q S S D

Pois há um só Deus e um só mediador entre Deus e os homens: o homem *Cristo Jesus*.

1 TIMÓTEO 2.5

sou *grata*!

◯ QUI

◯ SEX

◯ SÁB

◯ DOM

··· MÊS ···
COLE AQUI

metas da *semana*

◯ SEG

◯ TER

◯ QUA

S T Q Q S S D

ui crucificado com Cristo. Assim, já
ão sou eu quem vive, mas *Cristo vive
n mim*. A vida que agora vivo no
orpo, vivo-a pela fé no filho de Deus,
ue me amou e se entregou *por mim*.

ÁLATAS 2.20

sou *grata*!

◯ QUI

◯ SEX

◯ SÁB

◯ DOM

• • • MÊS • • •
COLE AQUI

──── **metas da *semana*** ────

◯ SEG

◯ TER

◯ QUA

S	T	Q	Q	S	S	D
◯	◯	◯	◯	◯	◯	◯
◯	◯	◯	◯	◯	◯	◯
◯	◯	◯	◯	◯	◯	◯
◯	◯	◯	◯	◯	◯	◯
◯	◯	◯	◯	◯	◯	◯
◯	◯	◯	◯	◯	◯	◯

eem graças ao SENHOR, porque ele
bom. O seu amor dura para *sempre*!
ALMOS 136.1

sou *grata!*

○ QUI

○ SEX

○ SÁB

○ DOM

··· MÊS ···
COLE AQUI

metas da *semana*

◯ SEG

◯ TER

◯ QUA

　　S　T　Q　Q　S　S　D

orque nisto consiste o amor a Deus: em
bedecer aos seus mandamentos. E os
eus mandamentos *não* são pesados.

OÃO 5.3

sou *grata*!

QUI

SEX

SÁB

DOM

FINANÇAS

ENTRADAS

SAÍDAS

ORIGEM	VALOR	VENCIMENTO	SITUAÇÃO

INVESTIMENTOS

"O avarento põe sua família em apuros, mas quem repudia o suborno viverá."

PROVÉRBIOS 15.27

CÍRCULO DO
Propósito

Refaça o círculo do propósito e compare com o primeiro que você fez.
Analise as diferenças e a sua evolução.

PESSOAL: SAÚDE FÍSICA, EQUILÍBRIO EMOCIONAL, LAZER E DESCANSO

SOCIAL: AMIZADES, RELAC. AMOROSO, FAMÍLIA

ESPIRITUAL: LEITURA BÍBLICA, ORAÇÃO, COMPORT. E SERVIÇO

PROFISSIONAL: REALIZAÇÃO, FINANÇAS, ESTUDOS

MEU *devocional*

Ninguém entende melhor as estações da nossa vida do que Deus. O Senhor usa cada estação como ferramenta para forjar nossa vida ao padrão de Cristo.

Para que possamos tirar o melhor proveito possível de cada dia, é essencial reservarmos um tempo para a leitura bíblica e sua aplicabilidade. As próximas páginas estão reservadas para você anotar seu aprendizado.

Escolha um local e horário tranquilos, faça uma oração e peça ao Senhor para que ele fale com você. Em seguida, abra sua Bíblia conforme seu plano de leitura, leia-a e anote as lições aprendidas. Certamente, você florescerá!

MEU *devocional*

Data:
Leitura bíblica:
Palavra-chave:

MEU *devocional*

Data:
Leitura bíblica:
Palavra-chave:

MEU *devocional*

Data:
Leitura bíblica:
Palavra-chave:

MEU *devocional*

Data:
Leitura bíblica:
Palavra-chave:

MEU *devocional*

Data:
Leitura bíblica:
Palavra-chave:

MEU *devocional*

Data:
Leitura bíblica:
Palavra-chave:

MEU *devocional*

Data:
Leitura bíblica:
Palavra-chave:

MEU *devocional*

Data:
Leitura bíblica:
Palavra-chave:

MEU *devocional*

Data:
Leitura bíblica:
Palavra-chave:

MEU *devocional*

Data:
Leitura bíblica:
Palavra-chave:

MEU *devocional*

Data:
Leitura bíblica:
Palavra-chave:

MEU *devocional*

Data:
Leitura bíblica:
Palavra-chave:

MEU *devocional*

Data:
Leitura bíblica:
Palavra-chave:

ISBN: 978-65-5584-346-0

EDITORA VIDA
Rua Conde de Sarzedas, 246 — Liberdade
CEP 01512-070 — São Paulo, SP
Tel.: 0 xx 11 2618 7000
atendimento@editoravida.com.br
www.editoravida.com.br
@editora_vida /editoravida

PLANNER ESTAÇÕES
© 2022, by Viviane Martinello

Todos os direitos desta edição reservados e protegidos por Editora Vida pela Lei 9.610, de 19/02/1998.

Exceto em caso de indicação em contrário, todas as citações bíblicas foram extraídas de *Nova Versão Internacional* (NVI) © 1993, 2000, 2011 by International Bible Society, edição publicada por Editora Vida. Todos os direitos reservados.

É proibida a reprodução desta obra por quaisquer meios (físicos, eletrônicos ou digitais), salvo em breves citações, com indicação da fonte.

Editor responsável: Gisele Romão da Cruz
Editor-assistente: Aline Lisboa M. Canuto
Desenvolvimento de conteúdo, projeto gráfico e diagramação:
Claudia Fatel Lino e Vanessa S. Marine
Revisão de provas: Emanuelle G. Malecka
Capas: Claudia Fatel Lino e Eder M. S. Miranda

Esta obra foi composta em *Poppins* e *Essonnes* e impressa por Leograf sobre papel *Offset* 90 g/m² para Editora Vida.